Westheimer/Lieberman
Sex und Moral

Ruth Westheimer ist in den Vereinigten Staaten vor allem durch ihre Talkshows in Radio und Fernsehen zum Thema Sexualität bekannt geworden. Sie ist außerordentliche Professorin an der New York University und unterhält eine Privatpraxis in New York City. Von ihr liegen zahlreiche Veröffentlichungen zum Thema Sexualität vor.

Louis Lieberman ist Soziologe. Seine Arbeitsgebiete sind Alkoholismus, Drogenmißbrauch und Drogenabhängigkeit von Jugendlichen. Er ist Professor am John Jay College für Strafrecht der City University von New York.

Ruth Westheimer/Louis Lieberman

Sex und Moral

Aus dem Amerikanischen übersetzt
von Roswitha Enright

PSYCHOLOGIE HEUTE
Taschenbuch
verlegt bei Beltz

Titel der Originalausgabe: Sex and Morality. Who is Teaching Our Sex Standards? Harcourt Brace Jovanovich, Inc.; Boston–San Diego–New York

CIP-Titelaufnahme der Deutschen Bibliothek

Westheimer, Ruth:
Sex und Moral / Ruth Westheimer ; Louis Lieberman.
Aus d. Amerikan. übers. von Roswitha Enright. –
Weinheim ; Basel : Beltz, 1990.
(Psychologie heute : Taschenbuch ; Bd. 535)
Einheitssacht.: Sex and morality <dt.>
ISBN 3-407-30535-4
NE: Lieberman, Louis:; Psychologie heute / Taschenbuch

Lektorat: Rainer Spiss
Herstellung: L & J Publikations-Service GmbH, 6940 Weinheim
Satz: Satz- und Reprotechnik GmbH, 6944 Hemsbach
Druck und buchbinderische Verarbeitung:
Druckhaus Beltz, 6944 Hemsbach
Umschlaggestaltung: Peter J. Kahrl, Neustadt/Wied
Printed in Germany

ISBN 3 407 30535 4

Nehmt meine Zucht an lieber als Silber
und achtet Erkenntnis höher als kostbares Gold.
Denn Weisheit ist besser als Perlen,
und alles, was man wünschen mag,
kann ihr nicht gleichen.
(Die Sprüche Salomos 8: 10, 11)

Meiner liebevollen und geduldigen Familie gewidmet: Ehemann Fred, Sohn Joel, Tochter Miriam und Schwiegersohn Joel Einleger, die mir immer wieder bewußt gemacht haben, wie wichtig das Familienleben ist.
R. W.

Meinem Sohn Joel gewidmet, der meinem Leben Sinn gab; und der Erinnerung an seine geliebte Mutter und meine Frau, Janice Runde Lieberman.
L. L.

Den Opfern des Holocaust gewidmet, zu denen auch viele Mitglieder unserer eigenen Familien zählen, und die ein tragisches Zeugnis dafür ablegen mußten, was Extreme moralischen Zerfalls bewirken können.

Inhalt

Danksagungen

Wenn man Bücher schreibt, die mit Psychologie und Kindererziehung zu tun haben, kommen immer mehr Fragen auf, als man beantworten kann. Wir hatten das große Glück, auf das Wissen und die Berufserfahrung von Freunden zurückgreifen zu können, wie zum Beispiel Mark J. Blechner, David Goslin und Nina Lief. John Money, ein brillanter und geistreicher Gelehrter, emeritierter Professor für medizinische Psychologie und Pädiatrie an der Johns Hopkins Universität, half uns dabei, einige der komplexen und kontroversen Fragen der Biosoziologie, die in diesem Buch angesprochen werden, besser zu verstehen. Seine Kommentare zur möglichen Zukunft der Wissenschaft waren für uns sehr anregend. Pierre Lehu und John A. Silberman sind Freunde, die ihren Teil dazu beitrugen, daß dieses Buch überhaupt zustande kam. Monsignore Joseph A. Dunne, pensionierter Kaplan der New Yorker Polizei, versorgte uns geduldig mit Bibelzitaten und half uns, die spirituelle Grundlage von Moral zu verstehen. Rabbi L. Lehman half uns, die komplexen religiösen Denkweisen von heute zu verstehen. Mit Rabbi Leonard Kravitz und Pater Finbarr Corr sind wir schon viele Jahre befreundet. Sie waren bereit, uns lange Interviews für dieses Buch zu geben.

Andere wichtige Persönlichkeiten verschiedener Religionen haben uns geholfen zu verstehen, wie komplex und wichtig eine moralische Lebensgrundlage ist; ihre Gedanken sind in dieses Buch eingeflossen. Zu ihnen gehören: Bischof Paul Moore, Jr. der Episkopaldiözese New York; James B. Nelson, Professor für christliche Ethik des „United Theological Seminary of the Twin Cities" in Minnesota; Robert Schuller der „Crystal Cathedral" in Garden Grove, Kalifornien und Bischof John S. Spong der Episkopaldiözese Newark in New Jersey.

Besonderer Dank gebührt vier religiösen Laien, Madison H. Thomas, Marian Peterson Thomas, Boyd L. Fugal und Venice Jacob Fugal. Sie zeigten uns, wie religiöse Erzieher mit Familien zusammenarbeiten, um jungen Menschen konsequente moralische Wertvorstellungen zu vermitteln. Wir danken ihnen für ihre Zeit und ihr Interesse.

Schließlich möchten wir all den Interviewpartnern danken, ohne deren Mitarbeit dieses Buch nicht zustande gekommen wäre, die wir aber nicht alle namentlich nennen können. Sie müssen anonym bleiben, ihre Aussagen aber machen die Seele dieses Buches aus.

Sexuelle Entscheidungen

Ein Mann mittleren Alters macht sich Gedanken: Ich weiß nicht, was mit uns los ist; ich habe einfach nicht mehr den starken Drang nach Sex mit Marge wie früher in unserer Ehe. Vielleicht sollte ich mit der neuen Einkäuferin etwas anfangen, die immer mit mir flirtet. Vielleicht würde mich die Situation zu Hause dann nicht mehr so belasten.

Eine junge Mutter überrascht ihre 7jährige Tochter dabei, wie sie nackt mit einem 6jährigen Jungen „Doktor spielt", die beiden also neugierig die Genitalien des anderen untersuchen. Sie erschrickt und denkt: Mein Gott, sie ist doch noch ein Kind und macht schon so unanständige Sachen. Ich werde sie dafür bestrafen müssen.

Zwei 16jährige haben sich verliebt und schlafen miteinander. Eines Tages stellt sich heraus, daß das Mädchen schwanger ist. Sie überlegen gemeinsam, welche Möglichkeiten es für sie gibt: Heirat, Abtreibung oder das Kind zur Adoption freigeben? Wie sollen sie sich entscheiden?

Ein junges Mädchen möchte ihren Freund nicht verlieren. Ihre Mutter behauptet zwar, daß voreheliche Sex unrecht sei, sie aber denkt: „Wie kann etwas falsch sein, was nahezu jeder tut? Und was ist überhaupt so wertvoll an der Jungfräulichkeit?"

Eine Familie hat sich in den Keller ihres Hauses einen

Whirlpool einbauen lassen. Die Tochter lädt ihre Freunde und Freundinnen zu einer Whirlpool-Party ein. Zu vorgerückter Stunde wollen sie alle zusammen nackt in das Becken steigen. Von ihren Eltern wurde ihr aber beigebracht, daß man sich nicht vor anderen auszieht, daß es nicht nur unanständig, sondern auch unmoralisch ist. Sie zögert: soll sie mitmachen oder nicht?

Wie sollen wir uns in solchen und ähnlichen Situationen entscheiden? Woher wissen wir, was recht und was unrecht, was moralisch und was unmoralisch ist? Leider wissen wir nicht immer, welche Entscheidung richtig ist, und manchmal hat die falsche Entscheidung gravierende und langfristige Konsequenzen.

Mit Fragen dieser Art werden wir uns im folgenden beschäftigen.

Um das Thema: „Wie und wodurch erwirbt ein Mensch sexuelle Moralvorstellungen, was formt seine Einstellungen und Werte" einer möglichst großen Leserschaft zugänglich zu machen, haben wir auf Fachbegriffe aus Philosophie und Sozialwissenschaften sowie auf komplizierte konzeptuelle Zusammenhänge und Theorien verzichtet, die so häufig Teil entsprechender Abhandlungen sind. Damit wollen wir jedoch keinesfalls den Eindruck erwecken, auf einem so wichtigen Gebiet wie dem der moralischen Entscheidungen gebe es auf jede Frage eine einfache und eindeutige Antwort.

In dieses Buch sind Erfahrungen und Gedanken eingeflossen, die uns während vieler Jahre in unserer Funktion als Eltern, Erzieher und Therapeuten beschäftigt haben. Unsere jeweiligen Familien und die sozialen Verhältnisse, aus denen wir stammen, haben viel damit zu tun, wie wir dieses Thema behandeln. Unsere Herkunft ist zwar recht unterschiedlich, doch gibt es in einigen wichtigen Details Übereinstimmungen, was in manchen Gedankengängen in diesem Buch zum Ausdruck kommen wird. Wir wuchsen beide in einer Umgebung auf, in der manchmal alles davon abhing, richtige Entscheidungen auf Grund von bestimmten Wertesystemen und Moralvorstellungen zu treffen. Ruth Westheimer lebte als Kind und Jugendliche in einer schlimmen Zeit, die im Zweiten Weltkrieg gipfelte; sie mußte sich später als Waise ein neues Leben aufbauen, wobei die neuen Möglichkeiten sie eher verunsicherten und die europäischen Wertvorstellungen, mit denen sie groß geworden war, zu versagen schienen. Lou Lieberman wuchs zur selben Zeit in den Slums von Brooklyn, New York, auf, umgeben von Armut und Gewalttätigkeit, und auch seine Zukunft hing von eigenen Entscheidungen ab. Falsche Entscheidungen zu treffen hätte bedeutet, daß er der Armut nicht hätte entkommen können. Entscheidungen, die auf den traditionellen europäischen Wertvorstellungen seiner Familie beruhten, wurden jedoch in den öffentlichen Schulen verlacht und als „unamerikanisch“ abgetan.

Wir haben uns beide oft mit der Bedeutung von Wertvorstellungen und den darauf basierenden Entscheidungen beschäftigt, Entscheidungen, die Glück und Freude oder aber großes Leid verursachen können. Dieses Thema hat uns zum einen persönlich interessiert; es wurde aber auch ausführlich vom philosophischen und soziologischen Gesichtspunkt aus in Vorlesungen und Seminaren der „New School for Social Research“ in New York City behandelt, wo wir uns vor beinahe dreißig Jahren als Doktoranden kennenlernten. Die Fakultät für politische und soziale Wissenschaften (auch „Fakultät im Exil“ genannt) bestand im wesentlichen aus großen europäischen Gelehrten, die vor der Vernichtung durch die Nazis gerettet worden waren. Unsere Professoren wußten aus eigener Erfahrung, welche Folgen falsche Entscheidungen haben konnten, die sich teilweise auf unklare Werte und einen korrumpierten Moralkodex stützten. Solche Entscheidungen konnten nicht nur Menschenleben zerstören, sondern auch den Untergang ganzer Nationen nach sich ziehen.

Seit jenen Tagen haben wir uns beruflich etwas auseinanderentwickelt, doch sind wir durch unsere Arbeit als Erzieher und Therapeuten beide mit vielen Menschen in Kontakt gekommen, die häufig großes emotionelles Leid aushalten müssen und sich in sozialen Schwierigkeiten befinden, weil sie zu einem bestimmten Zeitpunkt in ihrem Leben falsche Entscheidungen getroffen haben. Wir haben oft darüber gesprochen: Warum fehlt so vielen Menschen aus unterschiedlichen Altersgruppen die Voraussicht, die Fähigkeit, der gesunde Menschenverstand oder wie man es sonst nennen möchte, um in ihrem Leben die richtigen Entscheidungen zu treffen, sei es, welche Freunde sie sich wählen, welche Einstellung sie zur Schule haben, welchen Partner sie sich aussuchen oder wie sie ungewollte Schwangerschaften vermeiden können. In den 60er und 70er Jahren wurde dafür häufig die egozentrische Haltung des „ich zuerst“ verantwortlich gemacht, aber falsche Entscheidungen sind auch schon vorher getroffen worden. Oft basiert die Kritik an jungen Menschen auf der Annahme, daß diese es eigentlich besser wüßten, aus irgendeinem Grund aber den falschen Weg wählten. Diese Behauptung hat uns immer gestört, besonders, wenn es um Entscheidungen auf dem Gebiet des Sexualverhaltens geht; wir sind nämlich gar nicht so sicher, ob diese jungen Menschen immer „wissen", was tatsächlich der bessere Weg wäre und ob sie wirklich immer die Möglichkeit haben, die richtigen Entscheidungen zu treffen.

Wir waren und sind der Ansicht, und dies hat zweifellos mit unserer Herkunft und Erziehung zu tun, daß moralische Entscheidungen nicht allein in Abhängigkeit von der individuellen Person und ihren Gefühlen getroffen werden sollten. Moralische und ethische Entscheidungen können nur dann „richtig" getroffen werden, wenn der Mensch durch ein bestimmtes moralisches System oder einen Moralkodex über Richtlinien verfügt, mit deren Hilfe er sich in neuen Situationen orientieren kann. Stehen den jungen Menschen denn wirklich diese moralischen Richtlinien zur Verfügung, die sie akzeptieren und die ihnen helfen, die richtigen Entscheidungen zu finden, oder sind diese Moralvorstellungen nur in den Köpfen ihrer Eltern vorhanden? Wir sind nicht mit der Weisheit Salomos geboren. Wir können unser Leben nicht damit zubringen, ethische und moralische Systeme zu analysieren und die Logik und Wahrscheinlichkeit bestimmter Folgen zu ergründen. Wir brauchen eine deutliche Stimme in unserem Hinterkopf, die uns immer wieder auf die Grundlage für richtige Entscheidungen hinweist, eine Grundlage, die nichts mit Impulsen, mit Leidenschaft oder mit Angst vor Ablehnung zu tun hat.

Die meisten Menschen setzen voraus, daß jeder mit einem System moralischer Wertvorstellungen in Berührung gekommen ist, ob er es nun akzeptiert oder nicht.

Nun scheint es aber so, daß die Meinungen darüber, worin die „moralischen Wahrheiten" bestehen, auseinandergehen. Auch wenn Erwachsene sich selbst und ihre Kinder ermahnen, „traditionelle" Werte zu akzeptieren, können sich ihre Vorstellungen darüber, worin diese Werte bestehen, durchaus unterscheiden. Wie können Eltern sicher sein, daß ihre Kinder verstehen, was sie mit Wertvorstellungen und Moral meinen? Und selbst wenn das der Fall ist, heißt das denn, daß diese Werte auch den heutigen Jugendlichen bei ihren täglichen Entscheidungen noch sinnvoll erscheinen müssen?

Die Unsicherheit und Verwirrung, die sich heute in bezug auf moralische Werte beobachten läßt, zeigt, daß die Wirksamkeit unserer moralischen Erziehung, wie sie bislang von Familie, Religion und Schule gewährleistet wurde, sehr in Frage gestellt ist. Es stimmt zwar, daß Menschen moralische Entscheidungen auf unterschiedliche Weise treffen, doch ist allen gemeinsam, daß sie Richtlinien brauchen, vor allem in den Jahren, in denen sie ihr persönliches Wertesystem entwickeln. Ohne Wertvorstellungen, die mit unseren akzeptierten moralischen Überzeugungen übereinstimmen, werden wir große Schwierigkeiten haben, angemessene Entscheidungen zu treffen.

Wir brauchen Werte, die uns die täglichen Entscheidungen erleichtern. Wir werden diese Werte entweder von unserer Familie übernehmen oder müssen sie woanders finden. Was diese Wertvorstellungen ausmacht und wie wir sie uns zu eigen machen können, wollen wir in diesem Buch untersuchen. Warum sollte das so schwierig sein? Warum können wir uns nicht einfach so verhalten wie unsere Eltern? Unserer Meinung nach liegt der Grund darin, daß Jugendlichen in der gesamten Geschichte der Menschheit noch nie eine solch breit gefächerte Palette sozialer Verhaltensweisen zur Verfügung stand wie in den Gesellschaften des heutigen westlichen Kulturkreises. Warum ist das so? Die Möglichkeit, unter vielen Varianten sozialen Verhaltens wählen zu können, erwächst aus dem Wissen um die vorhandenen Alternativen. Die Möglichkeit, sich über verschiedene Alternativen zu informieren, ist eine Voraussetzung dafür, um nach verschiedenen Kriterien auswählen zu können, was für einen selbst das richtige ist. Das gilt auch für das „richtige" sexuelle Verhalten. Auch hier müssen wir uns klarmachen, daß junge Menschen eine verwirrende Anzahl verschiedener sozialer Verhaltensweisen zur Auswahl haben.

Dasselbe gilt für den Bereich des Drogenkonsums. Es ist uns sicher nicht angenehm, daß Heroin und Kokain in unserer Gesellschaft eine Rolle spielen; wir müssen uns aber immer wieder vor Augen halten, daß wir die freie Wahl haben, diese Drogen zu nehmen oder nicht. Da wir aber auch die Freiheit haben, vor den Folgen des Drogenkonsums Augen und Ohren zu verschließen, kann es sein, daß wir eine falsche und destruktive Wahl treffen. Gibt es denn keine unmißverständlichen und eindeutigen Richtlinien, die uns helfen, die richtige Entscheidung zu finden? Leider nein. Das hatte unter anderem zur Folge, daß – wenn auch mit den besten Absichten – fragwürdige Kampagnen ins Leben gerufen wurden, etwa mit dem Slogan „Sag nein zu Drogen". Unserer Meinung nach beleidigt ein solcher Vorschlag die Intelligenz junger Menschen, da er ihnen die Fähigkeit abspricht, selbst eine intelligente Wahl zu treffen. Er impliziert: „Sag nein, weil wir es für richtig halten."

Genauso sinnlos ist es, von einem jungen Menschen Enthaltsamkeit vor der Ehe zu verlangen, nur weil wir Eltern es wollen. Statt dessen sollte es eindeutige moralische Prinzipien geben, die sowohl Eltern als auch Kinder akzeptieren können und die die Enthaltsamkeit vor der Ehe einschließen. Jedenfalls sollte dieser Moralkodex eine sinnvolle und vernünftige Grundlage für Entscheidungen bieten. Ebenso haben wir die freie Wahl, ob wir Verhütungsmittel verwenden wollen oder nicht; auch hier gilt wieder, daß es uns freisteht, Augen und Ohren vor den Folgen eines intimen Beisammenseins ohne Verhütungsmittel zu verschließen. Ob man ein sexuelles Verhältnis eingehen sollte oder nicht, ob man Verhütungsmittel benutzen sollte oder nicht, ob man vor der Ehe oder auch außerehelich sexuelle Beziehungen eingehen sollte oder nicht, all das sind Fragen der Moral, für deren Beantwortung wir konsequente und akzeptierte moralische Richtlinien brauchen.

Warum stehen uns überhaupt so viele Verhaltensweisen offen? Während der Schul- und Studienzeit lernen und erfahren die Jugendlichen der westlichen Industrienationen mehr als die meisten anderen Menschen auf unserer Erde. Junge Menschen wissen nicht nur, wie sich die Angehörigen ihrer eigenen ethnischen und religiösen Gemeinschaft verhalten, sondern auch, was in anderen Religionen und Kulturen als richtig gilt und akzeptiert wird. Es gibt auch in den USA Gemeinschaften, die für sich das Recht beanspruchen, ihre Kinder „fremden" Werten, Glaubensrichtungen und Lebensweisen gar nicht erst auszusetzen, aber die meisten Amerikaner sind heute der Überzeugung, daß es für Menschen nur gut und wichtig sein kann, wenn sie erfahren, wodurch sich die verschiedenen Kulturen voneinander unterscheiden. In unserem Land gibt es mehr Fernsehapparate pro Kopf als anderswo. Wir stehen miteinander global in Verbindung. Man kann schlecht leugnen, daß das Fernsehen großen Einfluß auf das hat, was wir lernen und daß wir dadurch mit einer Vielzahl menschlicher Verhaltensweisen in Berührung kommen. Unserer Meinung nach beeinflußt das Fernsehen unsere Ansichten und Einstellungen und liberalisiert und bildet uns weitaus mehr als das gedruckte Wort.

Menschen reisen heute häufiger als früher, nicht nur in ihrem eigenen Land, sondern auch in benachbarte Länder und andere Kontinente. Es passiert jedoch selten, daß derjenige, der viel reist und andere Kulturen kennenlernt, eine ethnozentrische Einstellung beibehält und an der Meinung festhält, die eigene Kultur sei die beste.

Schließlich hat im letzten Jahrhundert eine Abwanderung aus dem Land in die Städte begonnen, in soziale Umgebungen, die weniger leicht kontrollierbar und überwachbar sind, was zur Folge hatte, daß sich die enge Bindung an das Wertesystem der Eltern lockerte. Leben in der Großstadt bedeutet etwas ganz anderes als das Leben in der Welt unserer Eltern, Großeltern und Urgroßeltern, die in kleineren Gemeinden wohnten, wo sich die gleichen Wertesysteme für alle durchsetzen ließen und wo man diese Werte leichter an die Kinder weitergeben konnte.

Ein anderes Thema, mit dem wir uns in diesem Buch auseinandersetzen werden, ist der fürchterliche Verlust von Menschenleben durch AIDS. Ähnlich wie viele unserer Kollegen glauben wir nicht an den „sicheren Sex".

Wir sind aber auch nicht so naiv anzunehmen, daß die Forderung nach Enthaltsamkeit in irgendeiner Weise realistisch ist. Menschen jeden Alters haben immer, seit es die Ehe als Institution gibt, auch außerhalb von ihr sexuelle Bindungen gehabt. Auch die Warnung, daß Sex ohne Trauschein unmoralisch sei und außerdem zu Geschlechtskrankheiten führe, hat noch nichts daran ändern können, daß sexuelles Begehren sich immer spontan und leidenschaftlich ausdrückte und Befriedigung suchte, und das wird wahrscheinlich auch in Zukunft so sein. Das bedeutet allerdings nicht, daß man sich in der Öffentlichkeit und in privaten Diskussionen nicht mit den moralischen und ethischen Aspekten eines solchen Verhaltens auseinandersetzen sollte. Je mehr man weiß, welchen Einfluß sexuelles Verhalten auf Gesundheit, Emotionen und Familie hat, welche Rolle Verantwortlichkeit und Moral dabei spielen, desto wahrscheinlicher wird man verantwortungsbewußt handeln. Wir hoffen, daß die Behandlung verschiedener Aspekte sexuellen Verhaltens, von denen viele direkt oder indirekt etwas mit der Übertragung von Geschlechtskrankheiten zu tun haben, Menschen bei der Entscheidungsfindung helfen kann, auch wenn sie unterschiedlicher Ansicht sind.

Damit kommen wir zum Aufbau dieses Buches. Am Anfang jedes Kapitels, in dem wir uns mit einem bestimmten sexuellen Verhalten beschäftigen, versuchen wir erst kurz Ursache und Entwicklung sexueller Normen aufzuzeigen, sofern bei Sozialwissenschaftlern, Anthropologen und anderen Experten darüber Erkenntnisse vorliegen. Dann beschreiben wir die Fragen und Probleme aus unserer Sicht. Wir haben eine Reihe von Repräsentanten verschiedener Religionen um ihre

Ansichten zu bestimmten Themen gebeten. Wir wollten wissen, welche Richtlinien ihre Religion ihren Gläubigen in bezug auf Sexualverhalten mitgibt, was erlaubt und was verboten ist, was als Sünde bezeichnet werden muß und was in spezifischen Situationen als unmoralisch verurteilt wird. Dies war nicht immer einfach, da die religiösen Einstellungen vielerorts in Bewegung geraten sind, was sich auch auf die Haltung der kirchlichen Institutionen zu bestimmten Fragen auszuwirken beginnt. Die Beiträge der Geistlichen können keine definitiven und umfassenden Antworten auf Fragen der Moral zum Thema Sexualität geben; sie sollen nur helfen, eine Grundlage für sinnvolle Diskussionen zu liefern, damit wir unterschiedliche Aspekte sexueller Moral bei verschiedenen Religionen miteinander vergleichen können.

Im Anschluß daran berichten wir von Gesprächen mit Menschen, die zu einem bestimmten Zeitpunkt in ihrem Leben Entscheidungen auf eben diesen Gebieten treffen mußten. Wir versuchen dabei so genau wie möglich die Meinung dieser Menschen über die Einstellung ihrer Religion zu diesem Thema wiederzugeben, über die Art und Weise, wie sie mit dem Moralkodex in bezug auf sexuelles Verhalten in Berührung kamen, was sie in ihren Entscheidungen beeinflußt hat und was sie ihren Kindern als moralische Richtlinien mitgeben werden. Wir werden der Frage nachgehen, warum einige moralische Botschaften anscheinend für manche Menschen leichter zu akzeptieren sind als für andere. Warum wirken einige sexuelle Normen und Regeln als Richtlinien und „Bremsen", während andere überhaupt nicht beachtet werden? Wie werden moralische Normen von einer Generation an die andere weitergegeben? Warum akzeptieren nur wenige junge Menschen die traditionellen Moralvorstellungen? Haben Fernsehen, Radio, Sexualkunde oder die eher liberale Umgebung der Universitäten etwas damit zu tun, daß traditionelle Richtlinien im Hinblick auf Sex und Ehe abgelehnt werden? Werden diese moralischen Prinzipien vielleicht theoretisch akzeptiert, in der Praxis aber vernachlässigt? Wir lassen auch Menschen zu Wort kommen, die darüber Vermutungen anstellen, was bei der Übermittlung der moralischen Normen vielleicht mißglückt ist und deshalb ein inadäquates Verhalten zur Folge hatte.

In diesem Buch bleiben eine Reihe von sexuellen Verhaltensweisen unberücksichtigt, die für manche Menschen von Interesse sind. Wir behandeln weder Sado-Masochismus (Lustgewinn durch das Empfangen oder Verursachen von Schmerz), Pädophilie (Sex mit Kindern), Exhibitionismus (Entblößung der Geschlechtsteile in Gegenwart fremder Personen), Voyeurismus (Lustgewinn durch heimliches Zuschauen bei sexuellen Handlungen anderer) noch andere Verhaltensweisen. Wir berücksichtigen diese Verhaltensweisen nicht, weil sie häufig eng mit emotionellen Problemen verbunden sind bzw. Elemente von Zwangsverhalten aufweisen und sich daher eher für eine klinische Untersuchung devianter sexueller Praktiken eignen. Uns geht es hier um moralische Fragen, die bei „akzeptierten" sexuellen Verhaltensweisen auftreten.

Wir hoffen, daß dieses Buch es einfacher und leichter macht, über Sex zu sprechen und daß es moralische Normen und Richtlinien aufzeigt, an die man sich bei schwierigen Entscheidungen halten kann.

Normen sexueller Moral

Katharina (23) stammt aus einem traditionell religiösen Elternhaus. Sie studiert Jura und möchte erst heiraten, wenn sie ihr Examen gemacht hat. Sie liebt Bob, den sie auf der Universität kennenlernte. Beide fühlen sich auch sexuell stark voneinander angezogen, haben aber bisher noch nicht miteinander geschlafen, weil Katharina aus religiöser Überzeugung damit bis zur Hochzeit warten will. Für Bob ist Religion weniger wichtig; er hat jedoch versprochen, Katharinas Wünsche zu respektieren. Allerdings hat Katharina jetzt doch Zweifel, ob sie noch solange warten sollen. Bob ist beim Militär, und da er zur Zeit besonders gefährliche Aufträge zu erledigen hat, möchte er mit Rücksicht auf Katharina mit der Hochzeit lieber warten, bis er einen weniger gefährlichen Posten bekommt. Gerade jetzt steht er vor einer militärischen Mission, die ihn längere Zeit außer Landes führt und deren Ausgang ungewiß ist. Katharina ist sich sicher, daß sie ihn heiraten und zusammen mit ihm Kinder haben möchte. Falls er aber von dieser gefährlichen Mission nicht zurückkehrt, wird sie niemals von ihm ein Kind haben können. Wenn sie sich auf sexuelle Beziehungen vor seiner Abreise einläßt, begeht sie eine Sünde. Sollte sie dann schwanger werden und Bob nicht zurückkehren, würde das Kind unehelich geboren. Wenn sie aber mit Bob fortgehen und ihn heimlich heiraten würde, wäre ihre Mutter sehr enttäuscht. Eine verwirrende Situation, und Katharina weiß nicht, wie sie sich entscheiden soll. Sie steht vor einem moralischen und ethischen Dilemma; ihre traditionell anerzogenen Werte stürzen sie in Konflikte. Sie kann auch nur schlecht mit jemandem darüber sprechen, da sie selbst nicht weiß, wie sie mit den moralischen und ethischen Forderungen und ihren eigenen Wertvorstellungen zurechtkommen soll.

Wir können Katharina keine Patentlösung anbieten. Sie muß selbst entscheiden, welcher Weg für sie der richtige ist. Was wir aber tun können, ist zu versuchen, sich über die verschiedenen Aspekte und Dimensionen klarzuwerden, die bei einem Entscheidungsprozeß berücksichtigt werden sollten. Denn sexuelle Entscheidungen, die impulsiv gefällt werden und nur auf Gefühl und Leidenschaft beruhen, ohne daß die moralischen und ethischen Überzeugungen sowie die Konsequenzen der Handlungen erwogen werden, können sich als sehr destruktiv herausstellen. Bevor wir also bestimmte sexuelle Verhaltensweisen moralisch beurteilen können, müssen wir erst klären, was wir unter Moral, Ethik und persönlichen Wertvorstellungen verstehen. Woher stammen diese Überzeugungen, inwiefern verändern sie sich und in welcher Form beeinflussen sie uns in einer Welt, in der ständig neue Entscheidungen von uns verlangt werden? Unsere „Moral“ basiert auf einer Reihe von Prinzipien, die über Jahrhunderte hinweg von religiösen Vorbildern und Philosophen überliefert wurden und die sich bewährt haben. Sie gelten als Richtlinien, entlang derer über Recht und Unrecht entschieden wird, sofern eine solche Entscheidung allein von der Sache her nicht eindeutig getroffen werden kann. „Moralische Normen“ sind Regeln für moralisches Verhalten. Durch ihre religiöse Erziehung hat Katharina zwei wichtige moralische Normen übernommen, die für ihr Dilemma entscheidend verantwortlich sind: sie soll ihre Eltern lieben und ehren und darf sexuelle Beziehungen nur innerhalb der Ehe zulassen. Diese Normen sind ihr immer noch wichtig, scheinen ihr aber bei ihrem Problem keine Entscheidungshilfe bieten zu können.

Ethische Prinzipien spielen bei dem Entscheidungsprozeß eine große Rolle, da sie uns in Situationen eine Richtung vorgeben, in denen es uns Schwierigkeiten bereitet zu entscheiden, ob ein bestimmtes Verhalten moralisch einwandfrei ist. Ethisch fundierte Erwägungen sind notwendig, da ein bestimmtes soziales Verhalten nicht als isolierte Handlung moralisch beurteilt werden kann, sondern berücksichtigt werden muß, in welchem sozialen Kontext es stattfindet. Wenn beispielsweise ein Mensch einen anderen tötet, läßt sich diese Tat erst vor den ethischen Hintergründen moralisch beurteilen.

Wenn ein Mensch einen Ladenbesitzer kaltblütig tötet, weil er dessen Laden ausrauben und verhindern will, daß der andere ihn später identifiziert, ist es einigermaßen klar, daß es sich hier um Mord, also um eine unmoralische Tat handelt. Wenn sich dagegen ein Polizist einem Raubmörder gegenübersieht, der schon zwei Unschuldige getötet hat und sich weigert, seine Waffe niederzulegen, ja den Polizisten sogar bedroht, dann wäre es wohl ethisch zu rechtfertigen, wenn der Polizist die eigene Waffe zieht und schießt, um andere und sich selbst zu schützen, selbst wenn der Verbrecher dabei umkäme. In einem solchen Fall würde man den Polizisten vielleicht sogar zum Helden erklären, da er im

Rahmen seiner Pflichterfüllung das eigene Leben aufs Spiel setzte.

In diesen beiden Fällen lassen sich ethisches und unethisches, moralisches und unmoralisches Verhalten relativ eindeutig definieren. In einem anderen Fall, der kürzlich in New York vor Gericht verhandelt wurde und der in der Presse viel Beachtung fand, ist diese Entscheidung weniger leicht zu treffen. Ein junger Mann, Bernhard Goetz, hatte in der U-Bahn auf vier andere junge Männer geschossen, da er der Überzeugung war, sie wollten ihn berauben und möglicherweise tätlich angreifen. Es war allerdings unklar, ob Goetz aus einem ethisch vertretbaren Grund, in diesem Fall dem der Selbstverteidigung, gehandelt hatte. Denn während der Gerichtsverhandlung wurde deutlich, daß er unter Schuldgefühlen litt, weil er nur an seine eigene Verteidigung gedacht hatte, wohl wissend, daß er sich dann auf eine aggressive Weise würde verhalten müssen. Die Öffentlichkeit war geteilter Meinung. In der abschließenden Gerichtsverhandlung sprachen die Geschworenen den Angeklagten mit der Begründung frei, der Ankläger, in diesem Fall der Staat New York, habe nicht eindeutig aufzeigen können, daß Goetz unethisch, in diesem Fall gegen das Gesetz gehandelt hätte. Viele Menschen waren mit seinem Verhalten nicht einverstanden, konnten Goetz' Tat aber nicht klar als unmoralisch verurteilen.

Es scheint, daß solche Fälle, bei denen es um Leben und Tod geht, wenig mit unserem alltäglichen Leben zu tun haben. Dennoch lassen sich in den Konflikten und Gewissensqualen manche Aspekte wiederfinden, mit denen Menschen täglich konfrontiert werden, beispielsweise auch, wenn es um ihr sexuelles Verhalten geht. Katharina ist zu der Überzeugung gekommen, daß sie ihre Liebe zu Bob nun auch sexuell ausdrücken möchte, und ist sich sicher, daß sie sich über ein Kind aus dieser Bindung freuen würde, gleichgültig, ob es unehelich oder ehelich geboren würde. Dennoch würde sie damit immer eines der beiden moralischen Prinzipien verletzen, die ihr wichtig sind, entweder vorehelichen Geschlechtsverkehr zu haben oder heimlich, gegen den ausdrücklichen Wunsch der Mutter, zu heiraten.

Ethische Erwägungen geraten auch dann oft mit moralischen Grundsätzen in Konflikt, wenn eine Frau vor der Entscheidung steht, ob sie abtreiben soll oder nicht. Sie ist vielleicht der festen Überzeugung, daß sie damit einen Mord begeht. Wenn sie jedoch nach einer Vergewaltigung schwanger wurde, würde die Schwangerschaft und später das Kind sie immer wieder an diese traumatische Erfahrung erinnern. Oder ein gehaßter, zur Gewalttätigkeit neigender Ehemann hatte sie zum Geschlechtsverkehr gezwungen, so daß sie gegen ihren Willen schwanger wurde. Und wie soll sich ein 15jähriges schwangeres Mädchen entscheiden, das Angst vor seinen gefühlskalten und übermäßig strengen Eltern hat, die nicht einmal ahnen, daß ihre Tochter schon sexuell aktiv ist? Es läßt sich mit anderen Worten nicht ignorieren, daß auch starke Gefühle oder andere Gründe bei dem Entscheidungsprozeß eine Rolle spielen.

Diese Frauen müssen den Wert des ungeborenen Lebens gegen andere Werte abwägen. Sie müssen sich fragen, was es bedeuten würde, ein ungewolltes Kind in der Gesellschaft, in der sie leben, aufzuziehen oder welchen Einfluß dieses Kind auf das emotionelle

Wachstum und die persönliche Entwicklung der Mutter haben würde.

Ein anderes Beispiel. Ein junges Mädchen ist verzweifelt: „Ich weiß, daß Sex vor der Ehe nicht sein sollte, aber ich bin so verrückt nach Tom. Wie kann denn dieses starke Verlangen, mit ihm zusammen zu sein, unrecht sein, wo doch Liebe etwas so Wunderbares ist?" Und sie stellt sich die Frage: „Ist es denn richtig, daß mein Freund und ich uns einen solchen Zwang auferlegen, wo wir doch bald heiraten wollen?"

Sehen Sie nun, wie einfach es ist, nach moralischen Grundsätzen zu leben?

In den letzten Absätzen haben wir schon von einem dritten Faktor gesprochen, der unsere Entscheidungen beeinflußt, den Wertvorstellungen, die mit moralischen und ethischen Richtlinien zusammenhängen, aber nicht mit ihnen identisch sind. Gemeint ist der Wert, die Bedeutung, der Nutzen, den wir einem bestimmten Verhalten oder Symbol oder materiellen Objekt zuordnen. So kann es geschehen, daß uns ein bestimmtes Verhalten so wichtig oder nützlich ist, daß wir es ohne zu zögern übernehmen und anwenden, obgleich es nach unserer religiösen Überzeugung unmoralisch ist und den Maßstäben von Recht und Unrecht, die man uns anerzogen hat, nicht genügt.

Wertvorstellungen beeinflussen nahezu jeden Aspekt unseres sozialen Verhaltens, von den banalsten bis zu den einschneidendsten und wichtigsten Entscheidungen. Unsere Wertvorstellungen zeigen sich in dem Beruf, den wir wählen, dem Auto, das wir kaufen, den Menschen, mit denen wir am liebsten zusammen sind, aber auch in der Ernährungsweise, die wir für richtig halten. Bei dem Versuch, soziales Verhalten zu verstehen, werden wir feststellen, daß unsere täglichen Handlungen oft mehr von den eigenen Wertvorstellungen und denen unserer Umwelt beeinflußt werden, als von allgemein moralischen oder ethischen Prinzipien, selbst wenn uns bewußt ist, daß unsere Werte möglicherweise den moralischen Maßstäben, an die wir uns nach unserer Erziehung halten sollten, widersprechen. Denn unsere Wertvorstellungen sind eng mit unseren Gefühlen, Impulsen und den irrationalen Faktoren der menschlichen Psyche verbunden, aber auch mit dem Bild, das andere Menschen sich von uns machen. Dieses Bild, das heißt die Werte, die wir in den Augen anderer besitzen, gibt häufig die Grundlage dafür ab, wie wir uns anderen gegenüber verhalten und wie wir von ihnen gesehen werden wollen. Wertvorstellungen spielen also in unserem täglichen Leben eine aktive, wenn auch oft unbewußte Rolle; der moralische Kodex dagegen ist angelernt und wird möglicherweise wieder vergessen, sofern seine Bedeutung nicht laufend von den Menschen, die uns wichtig sind, betont wird. Wertvorstellungen, die sich leicht ändern können, scheinen demnach in unserem täglichen Leben einen größeren Einfluß auf uns auszuüben als unsere moralischen und ethischen Überzeugungen. Dieses Thema wird uns später noch ausführlicher beschäftigen.

Was versteht man nun unter Wertvorstellungen, insbesondere den traditionell geprägten? In welcher Form geben wir sie an unsere Kinder weiter? Warum richtet sich der eine nach den Werten seiner Eltern, und warum handelt der andere gerade entgegengesetzt? Warum gehen manche Gläubige in die Kirche und lassen sich von den moralischen Lehren ihrer Religion beeinflussen und andere nicht, obgleich auch sie regelmäßig den

Gottesdienst besuchen? Es wäre zwar wichtig, sich mit Moral und Werten und ihrem Einfluß auf Leben und Tod, Krieg und Frieden zu beschäftigen; wir wollen uns hier aber auf die Wertvorstellungen beschränken, die mit dem sexuellen Verhalten der Menschen zu tun haben. Das liegt nicht nur an unseren eigenen beruflichen Interessen, sondern auch daran, daß uns unserer Meinung nach diese Wertvorstellungen schon sehr früh beigebracht werden und daß gerade sie viele Menschen verwirren und in Konflikte bringen.

Wir wollen damit nicht behaupten, daß es sich hier um die wichtigsten Probleme im Leben handelt, sondern nur, daß sie am häufigsten auftreten. Wenn wir nicht einmal auf diesem Gebiet dazu in der Lage sind, vernünftige Entscheidungen zu treffen, wie können wir dann hoffen, daß Menschen mit weitaus komplexeren moralischen Problemen wie dem Krieg oder dem menschlichen Überleben fertig werden? Wir sind der Meinung, daß der Mensch, der schon früh lernt, was unter moralischem Sexualverhalten zu verstehen ist, auch leichter mit komplexeren moralischen Anforderungen umzugehen vermag.

Auch führende Persönlichkeiten, die im Licht der Öffentlichkeit stehen, scheinen Schwierigkeiten zu haben, korrekte moralische Entscheidungen zu treffen und nicht in der Lage zu sein, vorher zu überlegen, welche Folgen ihre Entscheidungen haben könnten. Wenn ein Mensch die richtigen Entscheidungen trifft, kann er ein Höchstmaß an Kreativität und Liebe erfahren. Falsche Entscheidungen dagegen können bedeuten, daß Menschen ihr Leben auf tragische Weise verschwenden, was bisweilen für die ganze Gesellschaft gravierende Folgen haben kann.

Barbara W. Tuchman, Historikerin und Pulitzerpreis-Trägerin, veröffentlichte vor nicht allzu langer Zeit einen Artikel über den Verfall der ethischen Richtlinien in der amerikanischen Gesellschaft, der zu denken gibt. Sie schreibt:

„Offenbar kennt man in unserer Gesellschaft keinen Unterschied mehr zwischen Recht und Unrecht; es ist, als habe er sich in einer nebligen Nacht nach dem letzten Weltkrieg davongemacht. Das Konzept von Recht und Unrecht ist heute so verpönt, daß jemand, der es wagt, davon zu sprechen, von der jüngeren Generation als altmodisch, reaktionär oder sogar ‚hoffnungslos hinterm Mond' bezeichnet wird."[1]

Im Mai 1987 veröffentlichte *Time* unter der Überschrift „Was ist verkehrt?" eine Titelgeschichte zu ethischen Fragen.

Zwei Zitate aus diesem Artikel, der sich im wesentlichen mit ethischen Problemen in Politik und Wirtschaft beschäftigte, sind auch für unser Thema von Bedeutung:

„In einer Umfrage für Time, die kürzlich von Yankelovich Clancy Shulman vom 19. bis 21. Januar telefonisch bei 1014 erwachsenen Amerikanern durchgeführt wurde, meinten mehr als 90 Prozent der Befragten, daß moralische Werte heute weniger gälten, weil Eltern die Verantwortung für ihre Kinder auf diesem Gebiet nicht mehr übernähmen und es *versäumten, ihnen anständige moralische Richtlinien mitzugeben.*" (Hervorhebung durch die Autoren)

Der Ethiker Daniel Callahan, Mitbegründer und Direktor des Hastings Center Think Tank bei New York, sagt: „Meistens interessiert man sich bei Diskussionen über Moral nur für Gesetze, Regeln und festgelegte Richtlinien." Wenn es keine Gesetze gibt, die einem vorschreiben, wie man sich in einer bestimmten Situation zu verhalten hat, „gehen wir davon aus, daß das so ziemlich jedem selbst überlassen bleibt".[2]

Viele Menschen haben den Eindruck, daß ethische Richtlinien heute die moralischen abgelöst haben, daß also Entscheidungen in Politik und Wirtschaft nicht auf den überlieferten Prinzipien von Recht und Unrecht beruhen, sondern daß es nur auf das ankommt, was gerade als ethisch bezeichnet wird; und damit ist häufig gemeint: was die eigene Umgebung gewillt ist zu akzeptieren. Die Gefahren, die in einer solchen Einstellung liegen, dürfen nicht unterschätzt werden. Viele Angehörige des Militärs haben sie als Ausrede benutzt, als man sie anklagte, Grausamkeiten gegen die Zivilbevölkerung begangen zu haben: „Ich habe nur meine Pflicht als Soldat getan und die Befehle meiner Vorgesetzten befolgt." Hier wurde das Akzeptieren dessen, was die Umgebung für erlaubt hält, der eigenen moralischen Instanz zu Fragen von Recht und Unrecht übergeordnet. Wer nicht lernt, moralische Prinzipien unter Berücksichtigung der Wertvorstellungen der Gesellschaft, in der er lebt, bei den täglichen ethischen Entscheidungen anzuwenden, wird wie ein steuerloses Schiff dahintreiben.

Was aber hat das alles mit Sex zu tun? Wir glauben, daß moralische Einstellungen zu Körper und Sexualität sehr früh eine wichtige Rolle spielen. Wenn die Schulen Fragen der sexuellen Moral ausklammern, bleibt ihre Beantwortung kirchlichen Einrichtungen sowie den Eltern überlassen. Wenn letztere hier versagen, hat der junge Mensch, der allmählich aus der Einflußsphäre seiner Eltern herauswächst, die Gelegenheit verpaßt zu lernen, wie er moralische Richtlinien in sein tägliches Leben integrieren kann.

Sehen wir uns einmal genauer an, welche Rolle die Werte für den einzelnen und die Gesellschaft, in der er lebt, spielen, und was sie mit sexuellen Situationen zu tun haben. Wir glauben, daß erfolgreiche, relativ glückliche und zufriedene Menschen meistens über ihr Leben selbst bestimmt haben, wobei sie sich nach Regeln richteten, die mit den grundsätzlichen Werten der Gesellschaft übereinstimmten. Erfolglose und unglückliche Menschen scheinen dagegen häufig irgendwann die Kontrolle über ihr eigenes Leben verloren zu haben; sie versuchen bisweilen, diese mangelnde Kontrolle über ihr Leben mit einem Verhalten zu überspielen, das sich auf Richtlinien stützt, die mit den grundsätzlichen Werten der Gesellschaft nicht übereinstimmen.

In den destruktivsten Situationen geht es im wesentlichen nur noch darum, wer wen kontrolliert und manipuliert, was natürlich auch im Sexualverhalten zum Ausdruck kommt. Diese Menschen haben zwar keine sexuellen Funktionsschwierigkeiten, doch wird ihr Sexualleben häufig von einem Machtkampf in ihrer Beziehung bestimmt. Für sie gibt es nur zwei Möglichkeiten: entweder haben sie die Kontrolle über ihr persönliches und sexuelles Leben oder sie lassen sich von anderen beherrschen. Wenn sich jemand zu Sex überreden läßt, obgleich er innerlich vielleicht gar nicht dazu bereit ist, dann stimmt irgend etwas nicht. Wir glauben, daß solche Widersprüche häufig daher rühren, daß man nicht fähig ist, für sich selbst die richtige Entscheidung auf Grund von moralischen und ethischen Überlegungen zu treffen.

Viele von uns halten an der romantischen Vorstellung fest, daß die junge Frau sich nach einem Blick auf den Helden hoffnungslos und Hals über Kopf verliebt und von diesem Gefühl vollkommen überwältigt wird. Unwiderstehliche Kräfte scheinen am Werk: Mann und Frau haben die Kontrolle über sich verloren und handeln, ohne zu überlegen. In dieser Phantasiewelt wird keine Beziehung aufgebaut, die schließlich zur Liebe führt, sondern man verliebt sich von einem Augenblick auf den anderen, als würde man auf einer Bananenschale ausrutschen.

Viele Menschen möchten zwar an eine solche Liebe auf den ersten Blick glauben, man denke nur an die Beliebtheit trivialer Liebesromane, doch ist es leider so, daß derjenige, der sein Verhalten mit Leidenschaft oder unwiderstehlichen Impulsen erklärt, häufig nur eine Entschuldigung dafür sucht, warum er nicht vorher überlegte, wie er sich verhalten sollte, was es beispielsweise bedeuten würde, wenn er sich für oder gegen Sex entschiede. Für viele Menschen ist Leidenschaft ein Ersatz für die Werte geworden, nach denen man seinen Partner aussuchen sollte.

Auch wenn sich diejenigen, die sich Hals über Kopf verlieben, anscheinend nicht um Wertvorstellungen kümmern, machen sich doch die meisten Gedanken über ihr Verhalten. Sie möchten am liebsten glauben, daß das, was sie tun oder getan haben, nicht nur für sie selbst das beste, sondern auch moralisch einwandfrei ist. Die meisten Menschen machen sich über ihr Sexualverhalten Gedanken. Wenn wir etwas tun, von dem wir wissen, daß es nicht richtig ist, meldet sich meist unser schlechtes Gewissen. Selbstverständlich sind Recht und Unrecht nicht immer klar voneinander zu unterscheiden; andernfalls würde es nicht so häufig um die Frage gehen, ob verschiedene sexuelle Verhaltensweisen normal sind.

Eine 16jährige schreibt, daß sie noch keinen Freund gehabt habe, aber häufig darüber nachdenke,

„... wie es wohl ist, wenn man in jemanden verliebt ist? Ich lese gerne Liebesromane, auch Geschichten über verliebte Teenager und versuche mir vorzustellen, wie es ist, wenn man mit jemandem schläft, den man wirklich liebt. Ich möchte damit warten, bis ich mit einem guten Mann verheiratet bin.

Können Sie mir bitte schreiben, ob es normal ist, wenn man sich durch Stimulierung der Scheide zum Orgasmus bringt und auch, ob es normal ist, wenn ich mich von sehr attraktiven Männern angezogen fühle, die entweder sehr viel älter oder jünger sind?"

Dieses junge Mädchen hat Schwierigkeiten zu entscheiden, was richtig und was falsch ist. Diese Schwierigkeit hat nicht mit ihrer persönlichen Entwicklung, auch nicht mit ihrer Fähigkeit zu denken oder zu fühlen zu tun, sondern mit der Entwicklung ihres Wertesystems. Vielleicht ist sie verwirrt, weil sie nicht mehr unbedingt an das glauben kann, was man ihr als Kind beigebracht hat. Manche Menschen haben ein schlechtes Gewissen, wenn sie masturbieren, weil sie nicht wissen, ob sie damit etwas Unrechtes tun. Natürlich kann man diese Beurteilung nicht einfach auf das Prinzip stützen: „Wenn es sich angenehm anfühlt, ist es richtig"; eine solche Einstellung kann ziemlich gefährliche Folgen haben. Wenn unsere junge Briefschreiberin religiös erzogen wurde und gelernt hat, daß Masturbieren unmoralisch und sündhaft ist, sie aber bis zu ihrer Hochzeit enthaltsam bleiben möchte, wie geht sie dann mit dem körperlichen Verlangen um, das sie immer stärker spürt? Es wäre denkbar, daß ihre Eltern das Masturbieren verbieten. Vielleicht haben sie selbst Probleme,

Masturbieren als normal zu akzeptieren und schieben nun religiöse Gebote vor, womit sie ihrer Tochter jedoch unrecht täten. Viele Menschen sind der Meinung, daß ihre Religion bestimmte sexuelle Praktiken verbietet, obgleich das nicht der Fall ist.

Viele von uns möchten zwar glauben, daß wir unsere eigenen moralischen Richtlinien aufstellen und entscheiden können, was für uns selbst moralisch richtig oder falsch ist – unabhängig von den überlieferten moralischen Richtlinien unserer westlichen Kultur. Es ist allerdings sehr unwahrscheinlich, daß wir auf diese Art und Weise ein gutes, für uns selbst und andere befriedigendes Leben führen können. Es ist nicht nur unrealistisch, sondern unter Umständen für den einzelnen und die Gesellschaft auch gefährlich, wenn man die Denkweise propagiert, der individuelle Mensch habe das Recht, seine eigenen moralischen Richtlinien aufzustellen. Dazu einige hypothetische, wenn auch etwas extreme Beispiele: Ein Mann könnte glauben, er habe das Recht, nach seinem eigenen Moralkodex zu leben, der ihm gestattet, einen anderen zu töten, wenn dieser ihn unterdrückt. Daraus würde folgen, daß jeder einen Mord rechtfertigen könnte, indem er behauptet: „Ich bestimme, was moralisch recht oder unrecht ist und nicht die Gesellschaft, der Staat oder eine Religion, und ich weiß, daß es moralisch richtig war, den anderen zu töten.“ Oder eine Frau ist der Meinung: „Trotz des Gesetzes halte ich es für moralisch vertretbar, Kokain und Marihuana zu nehmen. Ich glaube, daß dieses Gesetz zu Unrecht besteht.“ Eine solche Einstellung würde jedoch dazu führen, daß sie gegen jedes beliebige Gesetz verstoßen könnte, mit der einfachen Begründung, daß dieses Gesetz „nicht gerecht“ sei. Ein mittelloser

Mensch, der der Überzeugung ist, Armut sei nicht gerecht und Reichtum unmoralisch, könnte daraus folgern, daß er Gesetze gegen das Stehlen nicht beachten muß: „Es ist richtig, daß ich mir vom Reichtum eines anderen nehme, denn die Gesetze, die den Besitz schützen, sind nicht gerecht.“ Robin Hood ist für manche Menschen vielleicht ein romantischer Held, grundsätzlich kann eine Zivilisation jedoch nicht überleben, wenn ihre Mitglieder tun und lassen, was sie selbst für richtig halten. Es muß also Richtlinien und Regeln geben – aber wer bestimmt ihren Inhalt, und wer stellt sie auf? Wir werden versuchen, darauf eine Antwort zu finden.

Historisch gesehen wurden die Regeln, die die meisten Aspekte des menschlichen Sozialverhaltens bestimmen – ob nun ein bestimmtes Handeln moralisch oder unmoralisch, recht oder unrecht ist –, durch religiöse Institutionen aufgestellt und überliefert, die sich dabei auf den Glauben der Menschen oder auf das Wort der Bibel stützten. Diese Regeln wurden über die Eltern an die Kinder weitergegeben. Später entwickelte der weltliche Staat Gesetze, die gerade auf den Gebieten Sexualität, Ehe und Familie den religiösen Gesetzen und Glaubenssätzen parallelliefen. Mit der zunehmenden Betonung weltlicher Werte, besonders im westlichen Kulturkreis, wurden auch die weltlichen Gesetze mächtiger und einflußreicher als die religiösen Normen. Hinzu kommt, daß auch die religiösen Institutionen Veränderungen unterworfen waren. Abweichende Glaubensrichtungen haben sich abgespalten, Glaubensrichtlinien und -regeln sind verändert worden. Daraus resultierte eine Vielzahl von Wertesystemen, die sich auf eine ebenso große Anzahl religiöser Wert- und Glaubensvorstellungen stützen.

Diese Verwischung der Grenzen zwischen weltlich und geistlich, zwischen weltlichen Gesetzen, denen jeder Bürger folgen muß, und religiösen Überzeugungen, die nur für den gelten, der diesem Glauben anhängt, ist wesentlich dafür verantwortlich, daß Menschen so große Schwierigkeiten haben, im Bereich der Sexualität moralische Entscheidungen zu treffen. Doch trotz dieser verwirrenden Vielzahl verschiedener Ansichten können die meisten von uns sich wahrscheinlich auf ein paar Grundregeln einigen, die uns wenigstens teilweise einen Weg aus diesem Durcheinander weisen, das die moralische Beurteilung verschiedener sexueller Verhaltensweisen erschwert. Diese grundsätzlichen Werte können zumindest sinnvolle Bezugspunkte bei Diskussionen zwischen Eltern und Kindern, zwischen religiösen und weltlichen Institutionen abgeben, die sich mit den Fragen sexueller Moral beschäftigen. Auf diese grundlegenden Prinzipien und Wertvorstellungen werden wir immer wieder zurückkommen.

Der Hauptgrund für das Durcheinander auf dem Gebiet sozialer Verhaltensnormen ist die Vielfalt religiöser Überzeugungen in unserer Gesellschaft. Lassen Sie uns dem anhand der Frage, ob es moralisch vertretbar ist, Alkohol zu trinken, nachgehen.

Nehmen wir einmal an, ich wäre mit einer Religion aufgewachsen, die Alkohol verbietet und das Trinken von alkoholischen Getränken als sündhaft und unmoralisch ablehnt. Wenn ich dieser Religion angehöre, an sie glaube und das auch weiterhin tun möchte, dann darf ich keinen Alkohol trinken; andernfalls verstoße ich gegen ihre Gesetze. Wenn ich dagegen einer Religion angehöre, die sagt, daß die Früchte des Rebstocks eine Gabe Gottes sind und das Trinken von Wein aus diesen Früchten zur Ehre Gottes in der Gemeinschaft der Gläubigen eine wichtige Funktion erfüllt, dann kommt das Verweigern von Alkohol einem Unrecht, wenn nicht gar einer Sünde gleich.

Würden wir alle in voneinander isolierten Gemeinschaften aufwachsen und wären wir anderen Religionen und Wertesystemen nicht ausgesetzt, würde sich die Frage, was recht und was unrecht ist, selten stellen. In unserer heutigen Gesellschaft kommen wir jedoch immer wieder mit alternativen Verhaltensweisen in Berührung, die von anderen Religionen und Glaubensrichtungen für richtig befunden werden. Daher ist es nur zu verständlich, daß wir Zweifel haben, ob wir uns wirklich nach dem richten müssen, was unsere Religion uns vorschreibt. Wenn angesehene und uns sympathische Menschen, die einer anderen Religion angehören, so ganz anders über moralische Fragen in bezug auf Verhütung, vorehelichen Geschlechtsverkehr, Homosexualität und Abtreibung denken als wir selbst, wird die Entscheidung über das eigene Verhalten immer schwieriger.

Abschließend wollen wir kurz die Einstellungen von Protestantismus, Katholizismus und Judaismus zur Sexualität skizzieren. Natürlich kann dies hier nur in groben Zügen geschehen.

Die orthodoxe jüdische Einstellung zur Sexualität erlaubt Geschlechtsverkehr nur zwischen Ehepartnern und mit dem ausschließlichen Ziel, Kinder zu zeugen, die streng religiös zu erziehen sind. Sex außerhalb der Ehe ist also verboten, und Fragen zu Scheidung, Abtreibung und Masturbation werden im Rahmen des biblischen Jüdischen Gesetzes behandelt und entschieden, ein Gesetz, dem der Gläubige unbedingt Gehorsam leisten muß. Reformierte Juden haben demgegenüber weitaus liberalere Ansichten; der Rabbi darf das biblische Gesetz unter Berücksichtigung moderner Erkenntnisse und vor dem Hintergrund des modernen weltlichen Staates und seiner Gesetze auslegen.

Aus der Sicht der römisch-katholischen Kirche ist Sexualität nur in Verbindung mit Fortpflanzung zulässig. Der Hauptgrund für die Fortpflanzung besteht aber nicht nur darin, neues Leben zur Welt zu bringen. Das Kind muß auch in einer gläubigen Familie aufwachsen und entsprechend erzogen werden. Masturbation, die Benutzung von Verhütungsmitteln beim Geschlechtsverkehr und homosexuelle Beziehungen sind verboten, weil aus ihnen keine Schwangerschaft resultieren kann. Aber auch andere sexuelle Verhaltensweisen, die eine Schwangerschaft zur Folge haben könnten, wie vorehelicher oder außerehelicher Geschlechtsverkehr, sind nicht erlaubt, da sie außerhalb von Ehe und Familie stattfinden und somit die rechte Erziehung nicht gewährleistet ist. 1965 entwickelte das Zweite Vatikanische Konzil eine etwas andere Sicht von der Natur und Bedeutung der Sexualität, die in römisch-katholischen Kreisen immer noch diskutiert wird. Es geht um ein Abweichen von der eindeutigen traditionellen Lehre der Kirche, darum, was noch akzeptabel und was nicht mehr zu akzeptieren ist. Die Art der Beziehung von Mann und Frau wird dabei stärker berücksichtigt, und manche sexuellen Ausdrucksmöglichkeiten, die früher generell verboten waren, werden jetzt genauer im Hinblick auf eine moralische Wertung untersucht.

Die Einstellung der protestantischen Kirche zur Sexualität ist nicht einfach zu umreißen, da sich hier – im Gegensatz zu Katholizismus und Judaismus – kein ausgeprägter und eindeutiger traditioneller Standpunkt finden läßt. Der Theologe James B. Nelson erklärt dazu folgendes:

„Der Protestantismus hat sich im wesentlichen bemüht, seine Lehren sexueller Ethik auf Aussagen der Bibel aufzubauen. Die daraus resultierenden ethischen Grundsätze unterscheiden sich voneinander, da sie in unterschiedlichen Glaubensgemeinschaften entwickelt wurden, bei denen auf die Einhaltung von Doktrin und Moral weniger geachtet wurde als bei der römisch-katholischen Kirche. Die protestantische Ethik hat sich jedoch immer wieder schwergetan, feste Grundlagen für das Aufstellen von sexuellen Werten und Normen zu finden und einander widersprechende Normen zu beurteilen. Außerdem gingen die Protestanten weniger streng methodisch vor. Sie versuchten zwar, den Aussagen der Bibel – im Vergleich zu einer Reihe anderer Quellen – Priorität zuzuerkennen. Aufgrund der Relativität biblischer Texte und Themen ist es aber schwierig, bestimmte Regeln für sexuelles Verhalten festzulegen und die Vorrangstellung der Bibel als Autorität zu begründen.

Die protestantische Ethik hat sich also bemüht, einen Weg zu finden zwischen dem Legalismus auf der einen und dem vollkommenen Fehlen von Normen auf der anderen Seite (...). Das Gegengewicht zu diesem Legalismus bildet eine Ethik, für die der Begriff Liebe zentral und richtungweisend wird, anstelle einer Reihe spezifischer, unumstößlicher Anordnungen. Eine solche Ethik fußt zwar auf der Bibel, bezieht aber auch das Wissen mit ein, daß deren Lehren und Vorschriften in bezug auf sexuelle Praktiken nicht nur das widerspiegeln, was die Gemeinde in den biblischen Zeiten für den Willen Gottes hielt, sondern daß sich darin auch die sexuellen Gebräuche zeigen, die damals üblich waren."[3]

Und wie steht es nun mit Katharina? Wenn wir wüßten, welche Bedeutung sie den unterschiedlichen Komponenten ihres Problems beimißt, könnten wir vielleicht sagen, welche der Möglichkeiten (an der Beziehung, wie sie ist, nichts zu ändern; mit Bob zu schlafen; mit ihm durchzubrennen) für sie und die anderen Beteiligten die beste wäre. Wir müßten Verschiedenes gegeneinander abwägen: ihr Verhältnis zu ihrer Religion, die verlangt, daß sie bis zur Hochzeit Jungfrau bleibt, ihre Sehnsucht, mit Bob zu schlafen, ihr Wunsch, wenigstens ein Kind von ihm zu haben, falls er umkommt, ihr Verständnis für den Wunsch ihrer Eltern, eine kirchliche Hochzeit für ihre Tochter auszurichten, das Stigma einer ledigen Mutter, die mögliche Unterbrechung ihrer Ausbildung, sollte sie schwanger werden, und so weiter. Wird sie all diese moralischen und ethischen Überlegungen anstellen, bevor sie handelt? Wir hoffen es. Aber sicher sind wir uns dessen nicht, denn wahrscheinlich hat sie nie gelernt, wie man solch komplizierte Entscheidungen fällt. Ein Grund mehr für dieses Buch.

Leider haben auch wir keine schnellen und einfachen Lösungen für die Probleme zur Hand, die in diesem Kapitel angesprochen wurden und mit denen wir uns weiterhin beschäftigen werden. Wir hoffen jedoch, daß wir verschiedenes deutlicher machen und in einen klareren Zusammenhang bringen können.

Anmerkungen

1 Tuchman, Barbara W.: „A Nation in Decline?" In: New York Times Magazine, September 20 (1987), S. 142

2 Shapiro, Walter: „What's Wrong?" In: Time, Mai 25 (1987), S. 26f.

3 Nelson, James B.: Between Two Gardens. Reflections on Sexuality and Religious Experience. New York 1983, S. 80f.

Masturbation

Schon ganz kleine Babys berühren gerne ihre Genitalien und spielen mit ihnen. Nach dem Lächeln und den zufriedenen Lauten zu urteilen, die sie dabei von sich geben, bereitet ihnen das großen Genuß. Kleine Jungen haben dabei Erektionen, und manche Kinderärzte vermuten, daß kleine Mädchen dabei so etwas wie einen Orgasmus erleben.

Trotz des offensichtlichen Vergnügens des Kindes stört viele Eltern dieses Verhalten und sie versuchen, ihr Baby davon abzubringen. Es ist ziemlich wahrscheinlich, daß wir die ersten moralischen Anweisungen zu unserem Sexualverhalten schon in der Wiege erhalten und daß es dabei um Masturbation geht. Manche Eltern geben ihrem Kind einen Klaps auf die Hand und sagen mit ernster Stimme: „Nein, das ist nicht gut für dich!" Andere versuchen in einer solchen Situation, die Aufmerksamkeit des Kindes auf etwas anderes zu lenken, auf ein Spielzeug etwa oder etwas zu essen. Manche Eltern reagieren extrem und wickeln das Baby so fest ein oder befestigen die Decke mit Sicherheitsnadeln so stramm, daß das Baby seine Genitalien nicht berühren kann. Es gibt sogar Eltern, die ihren drei- oder vierjährigen Söhnen damit drohen, „ihn abzuschneiden", wenn sie sie beim Masturbieren ertappen. Wir wollen damit nicht sagen, daß es vollkommen in Ordnung ist, wenn Kinder in aller Öffentlichkeit masturbieren, aber wir haben doch den Eindruck, als hätten viele, wenn nicht die meisten Eltern, zu große Bedenken, wenn es um dieses Verhalten ihres Kindes geht.

Wie viele unserer Kollegen sind auch wir der Meinung, daß die Eindrücke und Assoziationen eines sehr kleinen Kindes schon eine bleibende Wirkung auf seine emotionale Entwicklung haben können, die auch bei dem erwachsenen Menschen noch eine Rolle spielt. Versuchen Sie sich vorzustellen, was in einem unschuldigen Kind vor sich gehen muß, wenn es sich selbst Genuß verschafft und allmählich aus dem Verhalten seiner Bezugspersonen immer deutlicher herausliest, daß ein solcher Genuß schlecht, schmutzig und verboten ist. Diese Verbote sind erste moralische Lektionen für das Kind. Leider handelt es sich bei diesen Botschaften um einfache negative Lernerfahrungen; das Kind beginnt den Genuß durch seine Genitalien mit etwas Schlechtem zu assoziieren. Solche negativen Assoziationen aber können einem Kind einen anhaltenden, manchmal ernsthaften psychosexuellen Schaden zufügen, den man nicht ignorieren sollte.

Schon in frühen Jahren etwas, was einem Genuß verschafft, mit einem Verbot zu assoziieren, kann bei manchen Menschen zu den genau entgegengesetzten Folgerungen führen: Wenn etwas verboten ist, wir aber nicht verstehen können, warum, muß es wohl etwas Angenehmes sein, warum wäre es sonst wohl verboten? Aus dieser Haltung sprechen – unter Umständen unbewußte – Erinnerungen aus der Kindheit, die Verbote mit Genuß gleichsetzen. Viele Menschen nehmen an, daß etwas Verbotenes generell Genuß bereiten wird. Es geht uns hier zwar in erster Linie um die Beeinflussung des Kindes und weniger um die des Erwachsenen, der Vernunft und Logik anwenden kann; die Assoziation von Verbotenem mit Genuß spielt aber auch bei Drogen- und Alkoholmißbrauch von Erwachsenen eine wichtige Rolle. Je strenger anscheinend eine Droge verboten ist, desto mehr Menschen glauben, daß sie ihnen besonders viel Genuß verschaffen wird. Placebo-Untersuchungen haben das im allgemeinen bestätigt; hierbei wurden den Teilnehmern angebliche „Drogen" gegeben, die sie für echt hielten, die aber in Wirklichkeit neutral waren und dennoch auf die Probanden eine berauschende Wirkung hatten. Wir sollten also nicht unterschätzen, was allein durch die Selbstbeeinflussung erreicht werden kann und wie nur über die Vorstellungskraft eine, auf den ersten Blick rein körperliche Reaktion hervorgerufen wird.

Warum machen sich Erwachsene soviel Gedanken über das Masturbieren von Kindern? Die meisten haben immer noch große Schwierigkeiten, davon zu sprechen, selbst während einer Psychotherapie. Negative Einstellungen zur Masturbation scheinen zwei Hauptgründe zu haben: zum einen hält man ein solches Verhalten für schädlich, zum anderen glaubt man, daß es irgendwie unmoralisch sei.

Wenige Menschen würden heute allerdings noch die Einwände gegen Masturbation akzeptieren, mit denen unsere Generation aufgewachsen ist. Es wurde behauptet,

- Masturbieren mache blind und
- führe zu Geistesstörungen.
- Frauen bekämen einen Bart, wenn sie masturbieren,
- Männer dagegen behaarte Handflächen.

– Darüber hinaus bekomme man vom Masturbieren Schwindsucht (Tuberkulose).

Eine andere falsche Information lautete: Ein Mann hat nur eine begrenzte Menge seiner „kostbaren Körpersäfte“ zur Verfügung; wenn er sie zu schnell aufbraucht, wird er immer schwächer werden und körperlich abbauen. Heute lachen wir über diesen Unsinn, doch hat man uns in den 40er Jahren so etwas beigebracht. Im Handbuch für den Pfadfinder stand zum Beispiel in dem Kapitel, das sich mit der Erhaltung der Naturschätze befaßt, man solle seinen Körper nicht „mißbrauchen“, in jenen Tagen ein Euphemismus für Masturbation. So wie wir sorgsam mit unseren Wäldern umgehen und unsere Meere schützen sollen, dürfen wir auch den Samen nicht verschwenden.

Das Handbuch für Pfadfinder ist eine gute Informationsquelle für die Entwicklung des moralischen Klimas in den Vereinigten Staaten. In der Ausgabe von 1916 finden wir in dem Kapitel „Gesundheit und Ausdauer“ unter dem Stichwort „Erhaltung“ folgende, von einem Arzt verfaßte Ausführungen:

„Im Körper jedes heranwachsenden Jungen hat der Schöpfer eine sehr wichtige Flüssigkeit angelegt (...) diese Flüssigkeit ist der sexuelle Körpersaft (...). Wenn der Junge regelmäßig ein Abgehen dieser Flüssigkeit vom Körper verursacht, schwächt er damit seinen Körper, vermindert seine Widerstandskraft gegen Krankheiten und kann eine Abhängigkeit von bestimmten Verhaltensweisen entwickeln, die später nur unter großen Mühen zu überwinden ist. Solche Angewohnheiten sind auch für den jungen Knaben schädlich, bei dem sich diese Flüssigkeit noch nicht im Körper bildet.“[1]

Auch Robert Francœur, der zum Thema Sexualverhalten zahlreiche Bücher verfaßt hat, weist darauf hin, daß eine negative Einstellung zur Masturbation die Wertvorstellungen der Gesellschaft widerspiegelt und daß sich die Veränderungen dieser moralischen Ansichten im Pfadfinder-Handbuch ablesen lassen:

„In der Ausgabe des Handbuches von 1934 findet sich auch ein Abschnitt über ‚das Erhalten der sexuellen Körperflüssigkeit'. Er macht deutlich, daß die ‚Angewohnheit', das Abgehen von ‚Körperflüssigkeit' zu verursachen, den jugendlichen Körper schwächt und für Krankheiten anfälliger macht. (Hier wird offensichtlich die gleiche Einstellung vertreten wie in der Ausgabe von 1916.) 1948 bestand das Handbuch darauf, daß auch gelegentliches Masturbieren schlecht sei und solche Angewohnheiten abgelegt werden müßten. 20 Jahre später, 1968, wurde behauptet, daß durch Masturbieren sexuelle Schuldgefühle entstünden und daß man es deshalb auf jeden Fall unterlassen solle. Auf Grund eines neuen Verständnisses der sexuellen Entwicklung läßt die Ausgabe von 1978 dieses Thema einfach aus und rät dem jungen Pfadfinder, der Fragen zu seiner Sexualität hat, sich mit seinen Eltern, einem Geistlichen oder einem Arzt zu besprechen."[2]

Diese Veränderung in der Einstellung beruht wahrscheinlich auf der wissenschaftlichen Erkenntnis, daß Masturbation nahezu überall praktiziert wird und weder körperlich noch psychisch schadet. 1978 hat man anscheinend erkannt, daß es sich hier eher um eine religiöse oder moralische als um eine medizinische Frage handelt und die Entscheidung Familie und Kirche überlassen (allerdings klingt das „körperlich schädigend" noch durch, da man den Arzt als Berater beibehält). Haben sich Familie und Kirche dieser Verantwortung gestellt und ihre Pflicht getan? Wir werden sehen.

Negative Einstellungen zur Masturbation basieren häufig auf moralischen Lehren, die ihren Ursprung angeblich in der biblischen Geschichte von Onan haben, der „es auf die Erde fallen ließ" (Genesis 38:8–9). Bibelforscher haben interessanterweise herausgefunden, daß bei der Geschichte von Onan wahrscheinlich vom Coitus interruptus und nicht von Masturbation die Rede war.

Die westliche Kultur mit ihren Einstellungen und Überzeugungen, ihrem Wissen, ihren Regeln und Strafen für sexuelle Unmoral basiert in erster Linie auf den Lehren der römisch-katholischen Kirche. Diese Glaubenslehren haben sich zwar möglicherweise aus den Überzeugungen der biblischen Hebräer entwickelt, die sich wiederum auf frühere Religionen und Kulturen bezogen, aber die dominante Stellung der Kirche im frühen und späten Mittelalter war sicher wesentlich für die Entwicklung auf dem Gebiet sexueller Moral während der nächsten Jahrhunderte verantwortlich.

Im fünften Jahrhundert behauptete der hl. Augustinus zum Beispiel, daß alles, was außerhalb der Fortpflanzung, der „natürlichen" Funktion des Geschlechtsverkehrs lag, bereits eine Sünde gegen die Natur selbst darstelle. Wie viele andere „Sünden" auch, wurden solche sexuellen Verhaltensweisen schließlich in das Kriminalrecht verschiedener Länder als „Verbrechen wider die Natur" aufgenommen. Masturbation wurde dieser Kategorie oft zugeordnet, weil hier ein sexueller Akt stattzufinden schien, das heißt, er betraf ein Sexualorgan, jedoch nicht in seiner „natürlichen" Aufgabe. Der „Gebrauch" des Penis zum Urinieren war notwendig und „natürlich", ihn aber nur zum Genuß, ohne Fortpflanzungsbestrebungen zu benutzen – das war „unnatürlich". Das gleiche galt für Frauen. Wenn sie sich durch Stimulierung ihrer Sexualorgane Genuß verschafften, handelte es sich um einen „unnatürlichen" Akt und galt deshalb als Sünde. Wie wir der religiösen Literatur dieser Zeit entnehmen können, wurde Masturbation streng bestraft, strenger bei erwachsenen Männern als bei Jungen oder Mädchen.

Als Ende des 17. Jahrhunderts das Zeitalter der Aufklärung anbrach, war der Einfluß der Religion auf das politische und intellektuelle Leben schwächer geworden, und auch sexuelles Verhalten und sexuelle Normen standen weniger stark unter der Kontrolle der Kirche. Der Philosoph Jean-Jacques Rousseau konnte zum Beispiel schon bekennen, daß er sich häufig durch Masturbieren sexuelle Befriedigung verschaffe und daß er das moralisch einwandfrei fände. Gleichzeitig räumte er aber ein, daß zu häufige Selbstbefriedigung unter Umständen schädlich sein könnte.

Ab dem frühen 18. Jahrhundert konnte man dann in der medizinischen Literatur lesen, daß Masturbation das Erinnerungsvermögen schädige, daß der Körper durch den Verlust von Säften wie dem Samen geschwächt würde und daß Samenflüssigkeit für die männliche Entwicklung, für das Wachstum des Bartes und die Kräftigung der Muskeln wichtig sei. Gelegentlicher Geschlechtsverkehr wurde hingenommen, Masturbation jedoch würde zu allen möglichen Leiden führen, angefangen von Pickeln bis hin zur Geisteskrankheit.

Das galt nicht nur für Männer, sondern auch für Frauen, wenngleich masturbierende Frauen eher mit bestimmten Frauenleiden rechnen mußten.

Wenig später unterstützte auch der einflußreiche Schweizer Arzt Simon André Tissot die medizinische These von der Degeneration durch Masturbation und verschaffte ihr dadurch Glaubwürdigkeit.

John Money führt dazu aus:

„Um logisch und systematisch zu erscheinen, mußte Tissot seine Theorie onanistischer Degenerierung auch auf Frauen anwenden können. ‚Die Sekrete, die Frauen beim Masturbieren verlieren, sind weniger reif und weniger wertvoll als der Samen des Mannes; deshalb tritt die Schwächung nicht so plötzlich auf, ... (aber) die Symptome sind weitaus heftiger.'"[3]

Auch die ersten Psychologen taten wenig, um diese Fehlinformationen zu korrigieren, sondern fügten eher noch weitere hinzu. Der Pionier unter den amerikanischen Psychologen, G. Stanley Hall, glaubte, daß ältere Kinder ihre jüngeren Geschwister oder Spielkameraden zum Masturbieren verführten. Richard von Krafft-Ebing, Wiener Psychiater und Autor des klassischen Werkes „Psychopathia Sexualis" (1886), behauptete, daß Masturbieren die Ursache für jedes abweichende Verhalten sei. Er nannte es – wie jedes Sexualverhalten, das nicht ausschließlich der Fortpflanzung diente – „psychopathisch".

Heute werden diese unwissenschaftlichen oder pseudowissenschaftlichen Thesen von der physischen oder psychologischen Gefährdung durch Masturbation von den meisten Fachleuten für menschliche Sexualität und Medizin abgelehnt. Sexualkundeerzieher und Sexualtherapeuten wissen, daß Masturbieren ein Bestandteil der normalen sexuellen Entwicklung junger Menschen ist und daß es auch im Rahmen der sexuellen Interaktion zweier einander liebender Partner hilfreich sein kann; darüber hinaus ist Selbstbefriedigung sinnvoll für einen Menschen, der ohne Geschlechtspartner auskommen muß. Auch bei der Behandlung einiger sexueller Funktionsstörungen kann Masturbieren helfen.

Die „wissenschaftlich" untermauerten, genußfeindlichen Einstellungen des vorviktorianischen Zeitalters schienen die ältere religiös-moralische Verurteilung der Onanie noch zu unterstützen. Diese Einstellungen können heute zwar von der modernen Medizin und Psychologie widerlegt werden, was aber nicht heißt, daß die religiös-moralischen Interpretationen nun keine Bedeutung mehr hätten. Im Gegenteil: Vom Standpunkt der Religion aus kann der Akt des Masturbierens im Rahmen eines größeren Moralsystems nach wie vor als unmoralisch gelten, obgleich er niemandem schadet. Rabbi Leonard Kravitz vom Hebrew College, Jewish Institute of Religion, sagte uns dazu folgendes:

„Masturbation hat mit der Kontrolle des einzelnen über seinen Körper zu tun, und das ist der Hauptgrund, warum sich die Religion überhaupt mit diesem Thema beschäftigt. (...) Es geht nicht darum, daß der Samen vergeudet wird, denn selbst, wenn ein Mann mit dem Masturbieren kurz vor der Ejakulation aufhört, hat er nach den traditionellen jüdischen Glaubenssätzen ein Unrecht begangen. Es ist eher die Möglichkeit des Genußempfindens, wenn der Penis berührt wird, die den Akt unmoralisch erscheinen läßt, denn das könnte schließlich zum Geschlechtsverkehr außerhalb einer ehelichen Bindung verleiten. Es war die Vorstellung, daß dieser intensiv empfundene Genuß zu einem Verlust an Selbstkontrolle führen könnte, was so erschreckend schien. Traditionelle und konservative Religionen glaubten, daß derjenige allem ausgeliefert sei, der die Kontrolle über sich selbst verlor. Dann ist aber auch das religiöse Wertesystem, das der einzelne in sich trägt, gefährdet, und damit die religiöse Gemeinschaft selbst."

Wenn wir verstehen wollen, warum der Judaismus und später auch das Christentum Einstellungen entwickelten, die sich anscheinend gegen Sex und sexuellen Genuß richteten, müssen wir wissen, daß der Judaismus in einer Zeit aufkam, in der Religionen sehr beliebt waren, bei denen Fruchtbarkeitsriten eine große Rolle spielten. Für die Juden des Altertums war die traditionelle Religion wahrscheinlich ein Fruchtbarkeitskult. Wir können also vermuten, daß die Kontrolle über das Sexualverhalten als Bestandteil religiöser Gebote für das Überleben der neuen Religion sehr wichtig war, da andernfalls die Gefahr bestand, daß sie der Anziehungskraft der anderen Religionen mit Fruchtbarkeitsriten unterliegen würde.

Wenn wir uns nun wieder den sexuellen Verhaltensweisen zuwenden, die unsere Kinder von Anfang an unterdrücken sollen, so könnten auch die diesbezüglichen Verbote auf den moralischen Aspekt der Selbstdisziplin verweisen.

Tatsächlich hat die genußfeindliche Einstellung jedoch sehr viel mehr mit dem Unterdrücken des Masturbierens zu tun als mit der Erlangung einer gewissen Selbstdisziplin. Wir setzen dabei voraus, daß Genußempfinden moralische Wertesysteme bedroht, anstatt zu lernen, den Genuß zu kontrollieren und ihn als angemessene Stütze in unsere Moralsysteme zu integrieren. Das würde es aber erforderlich machen, jungen Menschen zu zeigen, was Genuß mit Verantwortung bedeutet, anstatt einfach nur darauf zu bestehen, daß sie sich beherrschen müssen.

Um den heutigen Religionen gerecht zu werden, müssen wir allerdings darauf hinweisen, daß es bei uns kaum noch religiöse Persönlichkeiten gibt, die sexuellen Genuß, auch durch Masturbation, von vornherein ablehnen. Ihrer Meinung nach kommt es jedoch darauf an, in welchem Kontext ein solcher Akt stattfindet. Doch darüber später mehr.

Finbarr Corr, ein römisch-katholischer Priester, erläuterte uns einen weiteren religiösen Standpunkt zu Masturbation und Moral:

„Die Position der römisch-katholischen Kirche zu diesem Punkt ist heute weniger eindeutig. Traditionell ist Masturbation Sünde, sowohl für Männer als auch für Frauen. Wenn man vor Jahren einem Priester eine solche Frage gestellt hätte, hätte er nicht anders darauf antworten können.

Vor dem Zweiten Vatikanischen Konzil und der Veröffentlichung des Werkes ‚Die Kirche in der modernen Welt' im Jahre 1965 hat sich die Kirche mehr auf den körperlichen Akt selbst konzentriert und schriftlich niedergelegt, daß sexuelles Vergnügen nur toleriert werden könnte, wenn es während des Zeugungsaktes empfunden würde; Sex allein zum Vergnügen, ohne das Ziel der Fortpflanzung, galt dagegen als läßliche Sünde. Im Zweiten Vatikanischen Konzil legte die Kirche jedoch fest, daß Geschlechtsverkehr zwischen Eheleuten an sich schon als gute und heilige Sache anzusehen sei. Sexueller Genuß wird also nicht mehr nur toleriert, sondern gilt als gut, wenn er im Rahmen eines Fortpflanzungsbestrebens empfunden wird. Heute kommt es eher vor, daß mich einer fragt, ob er eine Sünde begehe, wenn er masturbiere, weil seine Frau krank oder er von ihr getrennt sei; eine solche Situation würde seine Schuld meiner Ansicht nach vermindern.

Für meine Gemeindemitglieder aber ist Masturbation nicht immer ein und dasselbe. Ich würde zum Beispiel Masturbieren so definieren, daß ein Mann seine Genitalien solange stimuliert, bis er ejakuliert oder bis kurz vor der Ejakulation. Was sage ich aber demjenigen, der wissen will, ob man schon von Masturbation sprechen kann, wenn er seine Geschlechtsorgane während des sexuellen Zusammenseins mit seiner Frau streichelt, weil sie das erregt. Hier handelt es sich dann nicht um Masturbation, wenn es im Rahmen des Vorspiels stattfindet, das zu dem normalen Geschlechtsakt führt; folgt darauf kein Koitus, würde ich es Masturbation nennen. Das gleiche gilt auch für Frauen; wenn sich eine Frau durch Berühren ihrer Genitalien selbst zum Orgasmus bringt und das nicht im Rahmen des normalen sexuellen Zusammenseins mit ihrem Mann passiert, dann handelt es sich um Masturbation.

Was man im allgemeinen mit Masturbation bezeichnet, ist keine Sünde, sofern sie im Rahmen des sexuellen Miteinanders von Eheleuten stattfindet, das zum Ziel hat, den Samen des Mannes in der Gebärmutter der Frau zu deponieren, damit neues Leben entstehen kann. Das gleiche gilt auch für oralen Sex. Wenn dieses Ziel nicht besteht, handelt es sich bei diesen sexuellen Verhaltensweisen um Sünde. Sollte der Mann bei dieser Art von Vorspiel aber aus Versehen in den Mund seiner Frau ejakulieren, dann ist es wieder keine Sünde. Einzig wichtig bei der Entscheidung, ob eine Verhaltensweise Sünde ist oder nicht, ist die ihr zugrundeliegende Absicht."

Wenn Kinder in einer bestimmten Religion aufwachsen und sie nach dem Wunsch der Eltern lernen sollen, sich auf eine moralische Art und Weise zu verhalten, die dieser Religion entspricht, gewinnt die Frage an Bedeutung, wie und mit welcher Gründlichkeit man sie mit den moralischen Richtlinien ihrer Religion zu sexuellen Fragen bekannt macht. Sehen wir uns zunächst einmal an, was die von uns Befragten dazu zu sagen haben; wer hat ihnen beigebracht, ob Masturbieren moralisch oder unmoralisch ist? Eine junge Frau, Mitte Zwanzig, meint dazu:

„Ich wuchs mit älteren Brüdern auf, die dauernd mit ihren Geschlechtsteilen spielten; es war ein normaler Teil meines Erwachsenwerdens, weder moralisch noch unmoralisch. Meine Eltern oder meine Brüder haben nie angedeutet, daß daran etwas unrecht sei, und auch in der Synagoge oder dem jüdischen Gemeindezentrum wurde nie davon gesprochen, daß Masturbieren schlecht sei oder eine Sünde. Über Sex habe ich mit meiner Mutter erst gesprochen, als ich 13 war; aber schon mit 5 Jahren war ich von meinen Brüdern aufgeklärt worden, allerdings auch ohne jegliche moralische Wertung.

Als ich 13 war, saß ich eines Tages mit meiner Mutter vorm

Fernseher, als sie sich mir plötzlich zuwandte und wie aus heiterem Himmel fragte: ‚Sheila, weißt du, wie man masturbiert?‘ Ich war so überrascht, daß sie die Frage wiederholen mußte, denn ich hatte erwartet, daß sie wissen wollte, welches Programm ich als nächstes sehen wollte. Ich fing an zu stottern und brachte heraus: ‚Nein, wahrscheinlich nicht richtig.‘ Darauf sagte sie: ‚Wenn du es je lernen möchtest, brauchst du mich nur zu fragen.‘ Ich sagte: ‚ok‘, und das war das Ende unserer einzigen Unterhaltung über Masturbation.“

Eine Frau, Ende Zwanzig, berichtet:

„Nein, man hat mir nie gesagt, ob Masturbieren Sünde ist oder nicht. Weder im Religionsunterricht noch in der Familie wurde jemals darüber gesprochen. Meine Freundinnen in der Schule sprachen davon, aber auch nur, was es war und ob wir es taten oder nicht. Moralisch gewertet wurde dabei nie. Übrigens kam ich neulich zum ersten Mal mit meiner Mutter auf dieses Thema zu sprechen. Wir sprachen von einer Freundin von mir, die Eheprobleme hatte, weil sie keinen Orgasmus erlebte. Meine Mutter gestand mir dann etwas verlegen, daß sie auch noch nie einen Orgasmus gehabt hätte. Ob Sie es glauben oder nicht, ich mußte ihr erklären, wie sie mit Hilfe eines Vibrators masturbieren und zum Orgasmus gelangen konnte.

Meine Mutter hatte mir seinerzeit nur das Nötigste über die Menstruation gesagt, daß es sich dabei nicht um eine Krankheit, sondern um eine ganz normale Körperfunktion handle. Mehr wurde über sexuelle Dinge eigentlich nicht gesagt und über Moral schon gar nichts. Mein Babysitter klärte mich ein bißchen über die Teile des Körpers auf. Aber niemand sagte mir, ob ich masturbieren dürfte oder nicht.“

Ein Mann, Ende Zwanzig, der in katholischen Schulen erzogen wurde und auf eine katholische Universität gegangen war, meinte:

„Obgleich ich in katholische Schulen gegangen bin, kann ich mich an keinen Lehrer erinnern, der im Zusammenhang mit

Sex von Sünde gesprochen hätte. Einmal, in der achten Klasse, meinte ein Lehrer, daß Bilder von nackten Frauen vulgär seien. Das war alles. In der siebten Klasse wurde Sex ein- oder zweimal erwähnt, aber das hat mich nicht weiter beeindruckt. Zum Beispiel sprach jemand von der Sünde Onans, weil er seinen Samen verschwendete, aber ich wußte eigentlich nicht, worum es dabei ging. Niemand erklärte uns, wo die kleinen Kinder herkommen; man war wohl der Ansicht, daß das Sache der Eltern sei. Aber das einzige, was meine Mutter zu dem Thema jemals sagte, war: ‚Berühr dich nicht selbst'. Ich wußte nicht, warum nicht.

Eine Art von Sexualkundeunterricht hatte ich erst in der Oberschule. Ich ging jeden Sonntag in die Kirche, kann mich aber an keine Predigt erinnern, die von sexueller Moral handelte. Masturbation wurde in der Kirche nicht erwähnt, aber manche Lehrer sprachen in meiner ersten Oberschulklasse davon. Sie nannten es nicht Sünde, sie meinten nur, daß es nicht anständig war und daß man es lieber nicht tun sollte. Niemand sagte, daß Masturbieren Sünde sei oder unmoralisch oder gegen die Lehren der Bibel verstoße. Ich vermute, ich hatte mit meinen fortschrittlichen Lehrern großes Glück. Auch im Sexualkundeunterricht in der Oberschule wurden Geschlechtsverkehr, oraler Sex und Masturbation angesprochen, aber nicht gewertet. Man wurde nie in eine Ecke gedrängt und damit bedroht, daß dieses oder jenes Verhalten ‚schlecht und Sünde sei und man damit gegen das Wort Gottes verstieß'."

Ein junger Mann erzählte die folgende amüsante Geschichte:

„Im Alter von 6 bis 15 Jahren ging ich regelmäßig zur Sonntagsschule. Wir lernten alles über jüdische Geschichte und Kultur, lernten hebräisch und was wir für das Bar Mizwa wissen mußten. Wir gingen nicht nur sonntags zum Unterricht, sondern auch noch zweimal in der Woche. Aber während dieser ganzen Zeit hat uns nie jemand, weder Rabbi noch Lehrer noch sonst jemand, die Position des jüdischen Glaubens zur Masturbation erklärt. Das erste Mal hörte ich von Onan durch einen Studienkollegen, der erzählte, daß er seinen Wellensittich Onan genannt habe, weil der immer ‚seine Samen auf die Erde (des Käfigs) fallen ließ'.

Ich kenne natürlich die wichtigsten biblischen Geschichten, aber sie wurden uns so dargestellt, daß sie keinerlei Verbindung mit der eigenen Person hatten. Wir hörten naturlich von Sodom und Gomorra, aber in vagen Beschreibungen, nur, daß die Menschen dort sündigten. Von den sexuellen Assoziationen, die diese Geschichte beinhaltet, wurde nichts gesagt.

Auch in jüdischen Ferienlagern, aber auch auf Freizeiten, ob jüdisch oder nicht, wurde nie darüber gesprochen, ob Masturbieren erlaubt sei."

Im Hinblick auf unsere Frage, wie Menschen lernen, zum Beispiel Masturbieren moralisch zu bewerten, erfahren wir hier nicht viel. Vielleicht liegt es daran, daß Eltern, Geistliche und Erzieher sich nicht vorstellen können, daß diese unschuldig aussehenden kleinen Jungen, die Mädchen „nicht ausstehen" können und die kleinen Mädchen, die Jungen „einfach gräßlich und ungehobelt" finden, nachts unter ihrer Bettdecke masturbieren. Liegt es daran, daß man nicht glaubt, daß Kinder vor der Pubertät schon sexuelle Wesen sind, oder will man es lieber nicht wahrhaben? Wir alle kennen diese traurigen Fälle, in denen ein Vater, der seine Tochter liebt, von dem Tag ihrer ersten Menstruation an aufhört, zärtlich zu ihr zu sein, weil er glaubt, daß sie nun „eine Frau" ist und er anders mit ihr umgehen muß. Oder jene Väter, die ihrem Sohn bei bestimmten Gelegenheiten immer einen Kuß gaben, ihm aber nur noch die Hand geben, sobald er in die Pubertät kommt und zum Mann wird, denn Männer küssen sich schließlich nicht. Diese Veränderungen sind vor allen Dingen für die Kinder sehr traurig; sie beruhen auf der Klischeevorstellung, Männlichkeit und Weiblichkeit zeige sich erst mit dem Eintritt in die Pubertät und den damit zusammenhängenden hormonalen Veränderungen. Das Verhalten vieler Erwachsener ihren Kindern gegenüber wird durch die Annahme bestimmt, Sexualität beginne in der Pubertät. Wenn sie akzeptieren würden, daß auch kleine Kinder schon sexuelle Wesen sind, müßten sie ihr Verhalten ihnen gegenüber ändern. Die Tatsache, daß ihre vorpubertären Kinder schon sexuelle Wesen sind, ist für manche Eltern besonders beunruhigend, wenn sie sexuelle Gefühle ihren Kindern gegenüber bei sich festgestellt haben, die sie zu unterdrücken versuchen.

Eltern können zwar leugnen, daß sexuelle Aktivitäten wie Masturbieren stattfinden, sie können jedoch schlecht abstreiten, daß die eigenen Kinder oder auch Nachbarkinder bestimmte Spiele gespielt haben, wie zum Beispiel „ich zeig dir meinen, und du zeigst mir deinen" oder „Arzt" oder „Mutter und Vater". Manches Elternpaar wurde damit konfrontiert, daß seine Kinder Spiele spielten, die zweifellos sexuelle Bedeutung hatten, daß sie herumexperimentierten, vielleicht nicht bis zum Geschlechtsverkehr, aber auf eine Weise, die – bei aller Unschuld – ein starkes sexuelles Interesse verriet. Wenn Eltern das (nichtkoitale) Sexualverhalten ihrer Kinder ablehnen, und wenn ihre Religion lehrt, daß ein solches Verhalten unmoralisch ist, sollten sie es dann vermeiden, mit ihren Kindern darüber zu sprechen? Liegt es im Interesse des Kindes, wenn seine Eltern es nicht darüber aufklären, ob Masturbieren moralisch oder unmoralisch ist, oder ist es nicht eher so, daß Eltern und andere Erwachsene sich bei solchen Themen sehr unbehaglich fühlen und wie der sprichwörtliche Vogel Strauß am liebsten den Kopf in den Sand stecken möchten? Wir stellten fest, daß Hemmungen, mit dem Kind über Masturbieren zu sprechen und ihm deutlich zu sagen, welche moralische Einstellung seine Eltern dazu haben, bei allen Menschen leider eher die Norm als die Ausnahme sind. Eine junge Frau, die eine enge Bindung an ihre Kirche und die ethnische Gemeinde hatte, in der sie lebte, berichtete uns folgendes:

„Niemand in meiner Kirche oder in meiner Familie sprach jemals über Sex oder sexuelle Moralvorstellungen, und ich war auch mit 12 oder 13 noch sehr naiv, was Sexuelles betraf. Ich wußte eigentlich nicht, was recht und was unrecht war. Meine Freundinnen redeten zwar von sexuellen Dingen, von oralem Sex zum Beispiel, was sie 69 nannten, aber ich hatte keine Ahnung, um was es ging. Genauso war es mit der Masturbation; sie lachten mich nur aus. Aber dann konnte ich meine beste Freundin fragen, und sie sagte es mir.

Meine Eltern haben dieses Thema nie angeschnitten, und ich wußte auch nur aus der Art und Weise, wie meine Freundinnen darüber sprachen, daß es etwas Schlechtes war; sie flüsterten nämlich nur hinter vorgehaltener Hand. Ich nehme an, daß sie masturbierten, aber auch unter Freundinnen wurde normalerweise nicht offen darüber gesprochen.

Heute bin ich allerdings der Meinung, daß Masturbieren etwas ganz Natürliches und Angenehmes ist, ähnlich wie eine gute Mahlzeit, die einem Vergnügen macht. Oder wenn man Schwimmen geht, weil einem warm ist, das ist sehr angenehm. Ähnlich empfinde ich beim Masturbieren. Ich weiß einfach nicht, warum etwas schlecht sein soll, was sich so gut anfühlt. Man tut etwas mit seinem Körper, was meiner Meinung nach weder schädlich noch unmoralisch ist. Es ist etwas ganz anderes als zum Beispiel Drogen, mit denen man seinem Körper schadet.

Ob ich glaube, daß mein Priester etwas dagegen hätte? Vielleicht; ich weiß ehrlich gesagt nicht, wie er über dieses Thema denkt oder welche Position die Kirche dazu einnimmt. Nur einmal habe ich einen Priester der Armenischen Kirche etwas sagen hören, was mit Sex zu tun hatte. Es war während einer

Rede bei irgendeiner festlichen Angelegenheit, wo die Zuhörerschaft aus jungen Leuten bestand. Aber auch da sagte er nur, daß es nicht ‚richtig' sei, in aller Öffentlichkeit Küsse und Zärtlichkeiten auszutauschen. Er hatte nämlich mal ein paar von uns gesehen, wie wir uns auf der Straße küßten. Er sagte, das zeige wenig Respekt für andere und sei unhöflich."

Eine andere junge Frau hatte folgende Erfahrungen gemacht:

„Niemand, weder in unserer Familie, noch in denen meiner Freundinnen noch in der Kirche hat jemals etwas zum Thema Masturbation gesagt. Ich las darüber in einem Medizinbuch für Laien, was wir zu Hause hatten. Ich war ungefähr 12 oder 13 und machte mir Sorgen um mein Gewicht; also blätterte ich in diesem Buch und fand einen Abschnitt über nächtliche Samenergüsse und Masturbieren. Es schien aber nur für Jungen zu gelten, Masturbieren bei Mädchen wurde nicht erwähnt. Ich konnte mir aber vorstellen, daß das auch möglich war.

Meine Eltern sprachen nie darüber. Vor nicht allzu langer Zeit bekam meine Schwester ein Baby, und es kommt mir so vor, als ob der Kleine beinahe die ganze Zeit mit seinen Geschlechtsteilen spielt. Immer wenn meine Mutter das sieht, sagt sie streng: ‚Laß das!' Aber er ist doch erst 9 Monate alt und kann nicht verstehen, was sie meint. Aber mir hat das manches bewußt gemacht; vielleicht hat sie genauso reagiert, als ich ein Baby war.

Vor kurzem fand meine Mutter heraus, daß ich ein Buch über sexuelle Techniken, das war sogar ein Bestseller, gelesen hatte. Sie regte sich auf und sagte: ‚Das ist doch widerlich. Warum liest du bloß so etwas!' Ich antwortete: ‚Aber Mama, das ist doch ganz natürlich; ich bin schließlich schon 21!' Aber ich habe mit meiner Mutter nie über Sex sprechen können. Alles, was ich weiß, weiß ich von meiner Schwester oder meinen Freundinnen."

Es sieht fast so aus, als würde niemand mit jungen Menschen über die moralische Wertung von Masturbation sprechen. Selbst intelligente, wortgewandte junge Leute wie die, die wir interviewten, hatten keine anderen Erfahrungen gemacht. Wir haben Hunderte gefragt, und sie alle berichteten, daß entweder gar nicht oder nur in vagen Andeutungen über dieses Thema gesprochen wurde. Die attraktive junge Frau, die wir als letzte zitierten, erzählte uns, daß sie eine sehr negative Einstellung zu ihrem Körper hatte, als sie jünger war, und sie steht damit nicht allein da. Wir können natürlich nicht sagen, ob das etwas damit zu tun hatte, daß sie das Verbot, ihren Körper zu berühren, unbewußt damit assoziierte, daß mit ihrem Körper etwas nicht stimmte. Wir sind jedoch fest davon überzeugt, daß Botschaften und Assoziationen, denen ein Kind in seinen ersten zwei Lebensjahren ausgesetzt ist, Einfluß auf sein ganzes Leben haben können. Neuere Untersuchungen zur Sozialisierung in früher Kindheit besagen, daß Lernen und Entwicklung in den ersten zwei Lebensjahren einen wichtigen Einfluß auf die Persönlichkeitsentwicklung des Erwachsenen haben. Es gibt keinen Grund anzunehmen, daß negative Botschaften in bezug auf das Körpergefühl nicht dieselbe Wirkung haben wie andere Lernerfahrungen. Mary S. Calderone und Eric W. Johnson schreiben:

„Nirgendwo steht bisher zur Beruhigung der jungen Mutter geschrieben, daß es nicht nur normal ist, wenn ein Baby an seinem eigenen Körper Vergnügen hat, sondern daß dieser Aspekt für das Wachstum und die Entwicklung des Kindes wichtig ist und deshalb nicht unterdrückt werden sollte. (...)

Wenn ein Baby seine Genitalien entdeckt und damit spielt, initiiert es so die aktive Funktion des sexuellen Reaktionssystems, das dann später, wenn die physiologische Reife einsetzt, die eine normale sexuelle Funktion ermöglicht, dem

Menschen das Gefühl von Kompetenz, Erfüllung und Genuß gibt."[4]

Manchmal wird dem Jugendlichen zwar eine Wertung oder eine moralische Botschaft übermittelt, die dann aber eher noch zu seiner Verwirrung beiträgt, vielleicht, weil sie mit dem, was seine Religion ihn lehrt, nicht übereinstimmt. Eine junge Frau, Anfang Zwanzig, erzählt:

„In meiner katholischen Schule wurde nicht direkt gesagt, daß wir nicht masturbieren dürften. Es wurde aber immer wieder betont, daß unser Körper nicht uns gehöre, sondern Gott, und daß wir deshalb mit diesem Körper nichts tun dürften, was außerhalb der Lehre Gottes stünde. Die Nonnen machten klar, daß unser Körper nicht zum Vergnügen, sondern nur zur Fortpflanzung da war. Ich bin sicher, daß viele Mädchen ihren Körper als etwas Schmutziges betrachteten, weil wir ihn nicht berühren und keinen Genuß durch ihn erfahren durften. Er war nur dazu da, Kinder auszutragen. Ich kann mich nicht daran erinnern, daß irgend jemand dort über Masturbieren gesprochen hat. Das war ein Tabu.

Für mich hat Masturbieren immer noch etwas Schmutziges. Ich masturbiere zwar manchmal im Beisein meines Mannes, aber ich fühle mich unwohl dabei und habe Schuldgefühle; gleichzeitig habe ich aber nicht das Gefühl, daß ich etwas Schlechtes tue.

Meine Eltern haben mit uns nie über Sex gesprochen, außer, daß ich mich nicht so berühren soll."

Selbst wenn man sich nicht erinnern kann, ob und wie man beeinflußt wurde, können die entsprechenden Botschaften tief im Unterbewußtsein liegen, wie diese Frau vermutet:

„Niemand hat mir je etwas über Masturbation erzählt, und ich wußte lange nicht einmal, was das ist. Ich hatte sogar Geschlechtsverkehr, bevor ich anfing, mit Selbstbefriedigung zu experimentieren. Ich war damals schon Studentin, hatte aber trotzdem Schuldgefühle dabei. Ich wußte nicht, warum; offensichtlich war mir das irgendwann einmal verboten worden. Vor Jahren unterhielt ich mich mit meiner Mutter darüber, die nicht verstehen konnte, warum ich in bezug auf Sex immer solche Schuldgefühle hatte. Ich habe immer einer eher liberalen Kirche angehört, und sie hätte nie etwas gesagt oder getan, was diese Schuldgefühle bei mir hätte verursachen können. Aber ich nehme ihr das nicht ab."

Eine junge Frau, die in einer traditionellen lateinamerikanischen Familie aufwuchs, erinnert sich an folgendes:

„Als meine Schwestern und ich noch sehr jung waren, hielt eine von uns beim Spiel einmal ein Spielzeug oder etwas ähnliches vorn an ihren Körper und tat so, als ob das ein Penis sei. Meine Mutter sah das und sagte sofort: ‚Was machst du da? Nimm das weg, du bist kein Junge.' Ein anderes Mal war mein kleiner Cousin bei uns zu Besuch. Er mußte dringend auf die Toilette, die aber besetzt war, und preßte deshalb seine Hand zwischen die Oberschenkel. Wenn aber später eins von uns Mädchen das gleiche tat, hieß es: ‚Laß das, du bist kein Junge!'

Wir Mädchen mußten immer T-Shirts tragen und unseren Körper bedecken, aber die Jungen durften die ganze Zeit nackt herumlaufen. Manchmal machten die Erwachsenen dann Witze und sagten zum Beispiel: ‚Was für ein großer Mann er schon ist!' Mit den Mädchen wurde aber nie so herumgescherzt.

Weder der Priester noch sonst jemand in der Kirche hat meines Wissens je angedeutet, daß Masturbieren unrecht sei. Meine Mutter sagte nur, daß ich mich nicht da unten berühren sollte, aber nie, warum."

Hat man diesen jungen Frauen Hilfen und Richtlinien für moralische Wertungen gegeben oder wurden sie nur einer Reihe von männlichen Wertvorstellungen ausgesetzt, die häufig die Einstellung einschließen, daß Frauen sich nicht für Sex und körperlichen Genuß interessieren dürfen? Wenn moralische Wertungen nicht Teil eines verständlichen, allgemein akzeptierten Wertesystems sind, entfalten sie häufig eine widersprüchliche und diskriminierende Wirkung. Man behandelt intelligente junge Menschen so, als seien sie unfähig zu begreifen, um was es wirklich geht. Wenn man einem Kind sagt, daß es sich nicht „da unten" berühren soll, drückt man damit aus, daß irgend etwas mit „da unten" nicht stimmt. Schließlich sollen Kinder zur Sauberkeit erzogen werden und deshalb auch ihre Genitalien waschen. Wenn sie sich da aber berühren und es sich angenehm anfühlt, sind sie nicht selten verwirrt und verunsichert. Wollen wir bei ihnen wirklich Schuldgefühle hervorrufen, wenn sie ihre Genitalien berühren und das genießen? Diese Entscheidung ist für Eltern außerordentlich kompliziert, die ihrem Kind einerseits helfen möchten, sich zu einem gesunden Erwachsenen zu entwickeln, andererseits aber auch nicht gegen die Lehren ihrer Religion verstoßen wollen. Auf der einen Seite kann man von den Eltern nicht erwarten, daß sie ihr Kind masturbieren lassen, wann und wo es ihm gefällt. Auf der anderen Seite sehen sich Psycho- und Sexualtherapeuten häufig mit regelrechten Tragödien konfrontiert, wenn einer der Ehepartner schwere Schuldgefühle mit sich herumträgt, weil er Sex genießt. Schließlich hat man ihm oder ihr doch beigebracht, daß Geschlechtsorgane „schmutzig" oder „unanständig" sind. Andere Frauen sind zum Orgasmus unfähig, weil ihre Klitoris nicht daran gewöhnt ist, auf Stimulation zu reagieren. Heute können wir zwar den meisten Menschen helfen, die mit solchen oder ähnlichen Problemen zu uns kommen, aber wie viele Ehen sind unnötigerweise zerstört worden, weil man sich der negativen

Einstellung zu Sex nie richtig bewußt wurde? Wieviel besser wäre es doch, wenn all diese Sexualtherapien gar nicht erst nötig wären!

Wie können wir zu einer vernünftigen Einstellung zur Masturbation kommen, die einerseits unsere religiösen Bindungen berücksichtigt, uns aber andererseits die beruhigende Gewißheit gibt, daß es nicht „schlecht" ist, wenn man durch Stimulierung der Genitalien sexuellen Genuß erfährt? Soziologen, Anthropologen und selbst religiöse Erzieher sind sich darin einig, daß sexuelle Verhaltensweisen nicht unabhängig von ihrem Kontext moralisch beurteilt werden können. Welche Religion würde zum Beispiel behaupten, daß Geschlechtsverkehr zwischen zwei liebenden Eheleuten ein unmoralischer Akt sei? Wenn aber der Frau der Koitus gegen ihren Willen aufgedrängt wird, dann geschieht offensichtlich etwas Unmoralisches und Unrechtes, weil ihr dabei Schaden zugefügt wird. (Das geschieht unserer Ansicht nach auch dann, wenn sie mit dem Mann verheiratet ist.) Ebenso besteht ein deutlicher Unterschied zwischen der Frau, die ihren nackten Mann bewundernd im Schlafzimmer betrachtet und derjenigen, die ihren Hund ausführt und dabei in das offene Fenster des Nachbarn schaut, um ihn nackt zu sehen.

Und der Schmerz aus Leidenschaft? Wenn ein Mann seine Frau während einer leidenschaftlichen Umarmung liebevoll beißt, empfindet sie das vielleicht als leichten Schmerz, der ihr aber in der Situation nicht unangenehm ist. Auf keinen Fall ist das mit den Schmerzen zu vergleichen, die ein Mann einer Frau zufügt, damit sie ihm zu Willen ist. Und die Selbststimulation? Wir wollen noch einmal den Geistlichen Finbarr Corr zitieren, der unserer Meinung nach eine ziemlich konservative religiöse Einstellung zum Ausdruck bringt:

„Was man im allgemeinen unter Masturbation versteht (...), ist wahrscheinlich nicht als Sünde zu bezeichnen, wenn es nämlich Teil des Sexualverhaltens ist, das letzten Endes dazu führen soll, daß der Mann seinen Samen in den Körper seiner Frau bringt (...) die Absicht ist sehr wichtig, wenn man entscheiden will, ob ein Akt Sünde ist oder nicht."

Was für eine Absicht steckt dahinter, wenn ein Baby mit seinem winzigen Penis spielt? Da offensichtlich weder Geschlechtsverkehr noch Ejakulation sein Ziel sind, scheint der Grund für dieses Verhalten nur in dem angenehmen Gefühl zu bestehen, das es dabei empfindet. Konservative Interpretationen der jüdischen und christlichen Glaubensrichtungen behaupten nun aber, daß es sich um ein unmoralisches Verhalten handelt und die Eltern eingreifen müssen. An diesem Punkt wollen wir ein paar Spekulationen wagen: Gott (oder die Natur, die Evolution, wenn Sie so wollen) hat dem unschuldigen Baby, ob Junge oder Mädchen, schon bei der Geburt die Fähigkeit mitgegeben, durch seine Geschlechtsorgane angenehme sexuelle Gefühle zu empfinden – und nicht erst zum Zeitpunkt der Pubertät, wenn die Möglichkeit zur Fortpflanzung besteht. Wenn Sie aber der Meinung sind, daß das Leben einschließlich der körperlichen Organe und ihrer Funktionen einer gewissen sinnvollen Ordnung unterliegt, folgt daraus, daß Genitalien mit gutem Grund angenehme Empfindungen hervorrufen können, bevor eine Fortpflanzung möglich ist. Der kleine Junge ejakuliert nicht, aber er hat eine Erektion (eine recht ausgeprägte, wie Eltern wissen) und genießt das Ganze offensichtlich. Bei kleinen Mädchen werden die Schamlippen durch Stimulation stärker durchblutet, was angenehme Gefühle hervorruft. Säuglinge wie auch vorpubertäre Kinder aller Altersstufen können wahrscheinlich einen Orgasmus haben, wie der Wissenschaftler Alfred C. Kinsey, ein Pionier auf dem Gebiet menschlicher Sexualität in den späten 40er und frühen 50er Jahren herausfand.[5]

Folgende Geschichte wurde uns vor vielen Jahren von dem inzwischen verstorbenen Victor Lief, einem wunderbaren Menschen und Arzt erzählt: Ein junges gebildetes und fortschrittliches Paar hatte einen vier- oder fünfjährigen Sohn, der intellektuell seinen Altersgenossen schon weit voraus war. Seine Eltern waren sehr stolz auf ihn; er konnte sich mit Erwachsenen, auch mit den gebildeten Freunden seiner Eltern, über viele Themen unterhalten.

Er hatte aber eine schlechte Angewohnheit, die seinen Eltern ausgesprochen peinlich war. Manchmal setzte er sich ans Fenster und starrte eine Stunde oder länger nach draußen auf die Bäume, lutschte dabei an seinem Daumen und sagte kein Wort. Einmal hatten seine Eltern am Nachmittag eine Cocktailparty; Paul kam plötzlich ins Zimmer, ging schnurstracks zum Fenster, setzte sich in den Stuhl, steckte den Daumen in den Mund und starrte aus dem Fenster, ohne irgend jemanden eines Blickes zu würdigen. Dieses Mal wollten sich Pauls Eltern davon nicht beeindrucken lassen; anfangs ignorierten sie ihn und riefen dann einige ihrer Freunde zu sich, die beruflich mit Kindern zu tun hatten: einen Kinderarzt, einen Kinderpsychologen, einen Familientherapeuten und so weiter. Sie berichteten ihren Freunden von dem zeitweilig merkwürdigen Verhalten ihres Sohnes; dann gingen alle zu dem Fenster, vor dem er unbeweglich in seinem Stuhl saß und spekulierten laut (in ihrem Psycho-Jargon), was wohl mit ihm los sein könnte: war es progressiver Autismus, die Widersprüchlichkeit seiner Situation als Kind in einer Erwachsenenwelt, das Zurückziehen in die nicht-intellektuelle Umgebung der Natur, Befriedigung seiner Wünsche durch sich selbst statt durch soziale Interaktion und anderes mehr. Schließlich drehte sich Paul langsam um, nahm den Daumen aus dem Mund, sah einen nach dem anderen an und sagte: „Was ist denn los? Tut es euch vielleicht weh?"

Wenn unsere Säuglinge sprechen könnten, würden sie vielleicht ähnlich reagieren, wenn ihre Eltern ihnen wieder einmal die Hand von den Genitalien wegziehen! Vielleicht stört ein solches Verhalten die Eltern, aber tut es jemandem weh? Heißt das, daß wir unseren Kindern Masturbation immer und in jeder Situation erlauben sollen? Natürlich nicht. Babys und Kindern das Masturbieren zu erlauben, bedeutet nicht, ihnen die Freiheit zu geben, es zu tun, wann und wo immer sie wollen. Sie können auch nicht ihren Darm entleeren und urinieren, wo es ihnen gefällt. Diese Körperfunktionen müssen von Erwachsenen im Interesse der Gemeinschaft gelenkt werden, das heißt, wir bringen unseren Kindern bei, wo der richtige Ort für diese Aktivitäten ist, aber erst, wenn sie alt genug sind, es zu lernen. Genauso gibt es unserer Meinung nach einen Zeitpunkt, ab dem das Kind lernen sollte, den Akt des Masturbierens zu kontrollieren, wie auch alle anderen sexuellen Impulse einer gewissen Selbstdisziplin unterworfen werden sollten.

Wenn wir wie John Money davon überzeugt sind, daß sexuelle Spiele für Kinder notwendig sind, weil dadurch gesunde sexuelle Beziehungen von Erwachsenen spielerisch geübt werden, bekommt die Masturbation noch eine ganz andere Bedeutung. John Money sagt:

„Bei jungen Menschen beginnt die erotisch-sexuelle Entwicklung nicht erst mit der Pubertät, wie man im allgemeinen annimmt (...) selbst in unserer Kultur kennen Kinder sexuelle Spiele, mit denen sie das Erwachsensein üben, auch wenn man versucht, sie davon abzuhalten oder sie dafür bestraft. Es fehlt uns heute noch das notwendige Material, um zu entscheiden, ob diese Kinderspiele allein von der Kultur, in der die Kinder aufwachsen, bestimmt werden. Wahrscheinlicher ist, daß solche Spiele einen weiteren Aspekt der menschlichen Entwicklung aufzeigen, der schon im Kind angelegt ist, der aber erst zum Ausdruck kommt, wenn sich die soziale Umgebung in der kritischen Phase der Entwicklung entsprechend verhält."[6]

Kann man das Spiel von Kindern, bei dem offenbar sexuelle Aktivitäten geübt werden, mit den sexuellen Spielereien von Teenagern oder jungen Menschen in der Vorpubertät vergleichen? Offenbar nicht. Wie der berühmte Schweizer Kinderpsychologe Jean Piaget bemerkte, sind Kinder bis zum Alter von 6 oder 7 Jahren moralischer Entscheidungen gar nicht fähig. Wenn das aber so ist, können wir ihr Verhalten auch nicht als unmoralisch bezeichnen; das Masturbieren kleiner Kinder kann nicht moralisch beurteilt werden wie das Masturbieren eines Erwachsenen. Für ein Kind kann nicht Sünde sein, was für einen Erwachsenen, der einer Religion angehört, die Masturbieren verbietet, als Sünde gilt. Im Gegenteil, wenn man versucht, dem kleinen Kind das Masturbieren abzugewöhnen, anstatt ihm nur beizubringen, es nicht in aller Öffentlichkeit zu tun, verstößt man unter Umständen gegen ein Naturgesetz, das jedes Kind zum Masturbieren veranlaßt. Kinder lernen auf diese, von der Natur so angelegte Art und Weise physiologische Reaktionen, die sie auf ein Leben als sexuell aktive Erwachsene vorbereiten. Wenn das so ist, handelt es sich jedoch um eine Verhaltensweise, die erlaubt sein muß, was nicht ausschließt, daß sie einer gewissen Selbstkontrolle unterliegen sollte.

Beinahe jeder unserer Gesprächspartner behauptete allerdings, daß ihm Masturbieren weder erlaubt noch verboten wurde, da sich natürlich keiner erinnern konnte, wie man ihn behandelte, als er noch in der Wiege und im Kinderbett lag. Wir können daher nur vermuten, daß auch unsere Gesprächspartner wie viele andere Kinder behandelt wurden, man sie also bestrafte, ihnen drohte oder sie ablenkte, wenn sie masturbierten, obwohl sie nur etwas taten, was ihr Körper von ihnen zu verlangen schien.

Es scheint also vernünftig zu sein, daß man Säugling und Kleinkind masturbieren läßt. Wenn das Kind alt genug ist, sollten seine Eltern mit ihm darüber sprechen, so wie sie mit ihm auch sprechen, wie Topf oder Toilette zu benutzen sind, natürlich in einer Sprache, die es auch verstehen kann. Das Kind muß lernen, daß gegen ein solches Verhalten nichts einzuwenden ist, solange es privat, in seinem Zimmer geschieht, daß es aber in der Öffentlichkeit unpassend ist.

Erst einmal müssen jedoch die Eltern selbst davon überzeugt sein, daß es nichts Schlechtes ist, wenn ihr Kind masturbiert. Sie müssen aber auch in der Lage sein, mit dem Kind darüber zu sprechen, wenn sie ihm eine gewisse Selbstdisziplin beibringen wollen. Und darin liegt häufig das Problem! Die meisten Eltern haben große Schwierigkeiten damit oder weigern sich einfach, darüber zu sprechen. Beinahe keiner der Erwachsenen, die wir befragten, konnte sich an irgendein

Gespräch über Masturbation mit den Eltern oder einer anderen wichtigen erwachsenen Bezugsperson erinnern.

Erwachsene vermeiden es nicht nur, über Masturbation zu sprechen, im allgemeinen leugnen sie sogar, daß kleine Kinder überhaupt masturbieren. Ebenso wird abgestritten, daß vorpubertierende Kinder masturbieren, was unter Umständen Freud und seiner Beschreibung der „Latenz-Periode" angelastet werden muß. Die Folge ist jedenfalls, daß dieses Thema absolut tabu ist. Daran konnten selbst die aufschlußreichen statistischen Erhebungen von Kinsey, von denen wir bereits sprachen, nichts ändern. Daß Kinder masturbieren, wird immer wieder abgestritten, obgleich wir häufig von 7- bis 8jährigen gehört haben, die selbst in der Schule masturbierten. Eine junge Frau, Anfang Zwanzig, berichtet:

„Ich erinnere mich an die zweite Klasse in meiner katholischen Schule. Ein Mädchen sagte, daß sie mit einem Jungen aus der Klasse in einen Wandschrank gegangen sei. Als ich fragte, was das denn bedeuten solle, lachten mich alle aus. Dann klärten sie mich darüber auf, daß Junge und Mädchen sich in der dunklen Kammer gegenseitig stimuliert hätten. Und das war in der zweiten Klasse."

Eine andere junge Frau, ebenfalls Anfang Zwanzig, erzählte:

„Als ich in der zweiten Klasse war, spielte ein Junge an sich herum, und die Lehrerin sagte vor allen Kindern zu ihm: ‚Hör sofort damit auf, das tut man nicht, das ist schmutzig.'"

Was soll man tun, wenn das vorpubertäre Kind masturbiert? Sollen die Eltern es davon abhalten? Der vorpubertäre Mensch kann kein Kind zeugen oder empfangen; dennoch besitzt er die Fähigkeit, durch Masturbieren körperlichen Genuß zu empfinden; unsere Argumente sollten also vor allen Dingen das Erlernen von Selbstdisziplin unterstützen. Wenn Eltern der Meinung sind, daß es für ihr Kind besser wäre, wenn es nicht masturbierte, sollten sie mit ihm darüber sprechen und es ihm erklären. Wenn ihre Einstellung nicht auf religiöser Überzeugung beruht, müssen sie ihrem Kind akzeptable Argumente gegen das Masturbieren liefern.

Wir glauben, daß die Art und Weise, wie heutzutage mit dem Thema Masturbation umgegangen oder besser, wie es vollständig ignoriert wird, für die psychosexuelle Entwicklung des jungen Menschen schädlich ist. Obgleich es Eltern im allgemeinen zu peinlich ist, mit ihrem Kind über dieses Thema zu sprechen, sie häufig auch nicht wissen, wie sie es anfangen sollen und es deshalb lieber lassen, erreichen sie häufig durch wiederholte indirekte Drohungen oder durch Ablenkungsmanöver, daß ihre Kinder aufhören zu masturbieren. Aber was für einen Preis müssen ihre Kinder dafür bezahlen!

Anmerkungen

1 Fisher, George: „Health and Endurance“. In: Boy Scouts of America. The Official Handbook for Boys (15. Aufl.). New York 1916, S. 318f.

2 Francœur, Robert T.: Becoming a Sexual Person. New York 1982, S. 663

3 Money, John: The Destroying Angel: Sex, Fitness and Food in the Legacy of Degeneracy Theory, Graham Crackers, Kellogg's Corn Flakes and American Health History. Buffalo 1985, S. 52

4 Calderone, Mary S./Eric W. Johnson: The Family Book about Sexuality. New York 1981, S. 21 (dt. Übers.: Das große Buch der Sexualität. Liebe – Partnerschaft – Familie. Rüschlikon 1983)
5 Kinsey, Alfred u. a.: Sexual Behavior in the Human Male. Philadelphia – London 1948, S. 175–181 (dt. Übers.: Das sexuelle Verhalten des Mannes. Berlin – Frankfurt/M. 1964) sowie Kinsey, Alfred u. a.: Sexual Behavior in the Human Female. Philadelphia – London 1953, S. 101–107 (dt. Übers.: Das sexuelle Verhalten der Frau. Berlin – Frankfurt/M. 1963)
6 Money, John: Love and Love Sickness. The Science of Sex, Gender Difference, and Pair-Bonding. Baltimore 1980, S. 51–53

Nacktheit

Nach der mehr oder weniger direkten moralischen Belehrung über Masturbation wird das Kind als nächstes mit dem Tabu und der moralischen Beurteilung von Nacktheit konfrontiert, insbesondere dem Nicht-Bedecken der Genitalien. Viele Menschen werden noch als Erwachsene von den in der Kindheit erlernten sexuellen Einstellungen und Normen beeinflußt. Sexualtherapeuten, Psychologen und Angehörige ähnlicher Berufe haben häufig mit Klienten zu tun, deren Probleme darauf zurückgeführt werden können, daß sie sich in ihrem eigenen Körper unwohl fühlen und unsicher sind, wie andere ihre Geschlechtsmerkmale „beurteilen".

Vor einigen Jahren untersuchte Lou Lieberman, ob und wie Kinder dadurch beeinflußt werden, wenn in ihrer Familie Nacktsein erlaubt ist, oder wenn dies nicht der Fall ist. Er suchte etwa 25 Nudistenkolonien in den Vereinigten Staaten auf und machte dabei eine interessante Entdeckung, die allerdings nichts mit Kindern zu tun hatte: Beinahe alle Befragten meinten, daß sie nicht zum Nacktbadestrand gingen, weil sie andere Nackte sehen oder selbst gesehen werden wollten, sondern weil es sie so „entspannte". Wahrscheinlich werden viele unserer Leser vermuten, daß da nicht die Wahrheit gesagt wurde, daß die Befragten nur nicht zugeben wollten, daß sie eigentlich zum FKK-Strand gingen, um nackte Menschen aus der Nähe zu sehen. Es stellte sich jedoch heraus, daß sie tatsächlich die Wahrheit sagten. Die Anhänger der FKK gaben zwar bereitwillig zu, daß sie die ersten Male aus Neugier zum Nacktbadestrand gegangen seien, diese Neugier aber bald gestillt war; heute gingen sie dorthin, weil es sie entspannte. Wir hatten eigentlich keine Veranlassung, an ihrer Aussage zu zweifeln. Schließlich hatten sie ehrlich von ihrer anfänglichen Neugier berichtet – warum sollten sie uns jetzt etwas vormachen? Auch anderen Untersuchungen konnte man entnehmen, daß der Aspekt der Entspannung der Hauptgrund für die Teilnahme an FKK-Aktivitäten war.[1] Aber diese Erklärung schien etwas zu einfach, um das Phänomen sozialer Nacktheit zu erklären, das Bedürfnis, mit anderen Menschen an Stränden, bei sportlichen Aktivitäten und organisierten Urlaubsbeschäftigungen nackt zusammenzusein, wie es in den Vereinigten Staaten und vor allem in vielen europäischen Ländern praktiziert wird.

Wenn das Gefühl der Entspannung damit zu tun hat, daß man im Freien sportlich aktiv ist, schwimmt, Volleyball oder Tennis spielt, weshalb werden diese körperlichen Betätigungen und das dabei empfundene Wohlgefühl eingeschränkt, wenn man Brüste und Genitalien bedeckt? Ist es allein die Unbequemlichkeit, einen Badeanzug anzuziehen, die zu einer Verhaltensweise motiviert, die von der gesellschaftlich akzeptierten abweicht? Es scheint ein Widerspruch darin zu liegen, daß die FKK-Anhänger sich angeblich gerade in den Situationen besonders gut entspannen können, in denen sich die meisten ihrer Mitmenschen besonders unwohl fühlen würden. (Hat nicht jeder von uns schon einmal einen Traum gehabt, in dem er sich nackt in der Gesellschaft anderer befand und verzweifelt nach einem Mauseloch suchte, in dem er verschwinden konnte, oder wenigstens nach etwas, womit er seine Blößen hätte bedecken können?) Bei unseren Gesprächen mit FKK-Anhängern über ihre Gefühle, die sie haben, wenn sie nackt mit anderen zusammen sind, stellte sich ein interessantes Muster heraus. Folgende Aussage eines jungen Mannes war typisch für viele:

„Auch nachdem ich schon ein paarmal am Nacktbadestrand gewesen war, fühlte ich mich immer noch ein bißchen unwohl, wenn ich meine Kleider abgelegt hatte. Aber plötzlich verschwand dieses Gefühl ganz; ich kam an, zog mich aus und fühlte mich wunderbar. Ich kann es nicht richtig beschreiben, aber es war, als ob ein großes Gewicht von mir genommen würde; ich fühlte mich entspannt und wohl wie nie zuvor. Es war eine Art von Gelöstsein, das mich frei machte und das wenig mit der Entspannung zu tun hat, die man sucht, wenn man sich mit einem Bier vor den Fernseher setzt."

Eine junge Frau machte folgende Beobachtung:

„Mein Mann wollte unbedingt an einen FKK-Strand gehen und ich ging ihm zuliebe mit, fühlte mich aber die ersten Male sehr unwohl. Ich hatte das Gefühl, daß jeder mich anstarrte, daß die Frauen heimlich meinen Körper mit ihrem verglichen und die Männer meinen Busen, Po und mein Schamhaar begehrlich betrachteten. Aber eines Tages, als wir wieder einmal an den FKK-Strand fahren wollten, merkte ich, daß ich mich regelrecht darauf freute. Ich weiß auch nicht, was geschah, aber als ich dort ankam und mich auszog, fühlte ich mich nicht mehr unwohl, gehemmt und nervös, sondern einfach wunderbar.

Ich dachte später darüber nach, warum ich mich den ganzen Tag so gut gefühlt hatte, und es war wie eine Erleuchtung: ‚Es macht absolut nichts, wenn mich die Männer ansehen. Sie werden schon keine Annäherungsversuche machen, ihre Frauen werden nicht glauben, daß ich ihre Männer verführen will, und mein Mann hält mich auch nicht für ein Flittchen, weil ich mich nackt vor anderen zeige.' Zum ersten Mal in meinem Leben, und ich bin jetzt 37, mache ich mir keine Sorgen mehr darüber, ob ein Mann mir unter den Rock guckt oder irgendein perverser Typ durch mein Fenster schaut und mich dabei erwischt, wie ich nackt ins Bad gehe. So viele Jahre lang habe ich meinen Körper ängstlich vor jedem Fremden versteckt, war er für jeden tabu, und hier stellte ich fest, daß es eigentlich ganz egal ist. Sie können sich nicht vorstellen, welche Erleichterung das für eine Frau ist, die immer unter dem Druck steht, anständig und sittsam sein zu müssen."

Hier wird deutlich, was Nudisten mit Gelöstsein meinen. Es handelt sich nicht um das entspannte Gefühl, das man allein mit seinem Ehepartner oder Geliebten hat (obgleich es auch viele Menschen gibt, die sich selbst in einer solchen Situation ihrer Nacktheit schämen), oder um die Gleichgültigkeit, wenn einen der Arzt nackt sieht. Diese Situationen werden von der Gesellschaft akzeptiert, und man hat uns beigebracht, sie als normal zu empfinden. Sich vor Fremden nackt zu zeigen, ist jedoch etwas ganz anderes und unbedingt tabu. Unter FKK-Anhängern scheint das Gefühl der Entspannung nun gerade damit zu tun zu haben, daß soziale Regeln, die man uns in der Kindheit beigebracht hat, aufgehoben werden, zum Beispiel die, daß man im Beisein von Fremden den Körper immer sittsam bedeckt halten muß. Schon das kleine Kind lernt, sich nicht nackt zu zeigen. Das beginnt meistens dann, wenn das Kind alt genug ist, sich selbst auszuziehen und vor oder nach dem Bad nackt im Haus herumläuft. Sehr schnell wird ein besorgter Erwachsener mit Handtuch oder Schlafanzug hinter ihm herlaufen.

Immer muß die Frau daran denken, daß sie die Beine sittsam nebeneinanderstellt, wenn sie einen Rock trägt und mit Fremden zusammensitzt, muß der Mann sich vergewissern, daß sein Reißverschluß geschlossen ist, müssen wir alle Vorhänge fest schließen, bevor wir uns abends ausziehen, denn was könnten die Nachbarn von uns denken, und so weiter: welch eine Verschwendung emotioneller Energie! An einem FKK-Strand zeigt man sich nackt vor Fremden beiderlei Geschlechts, auch vor Kindern. Wenn eine Frau dann aus einem Liegestuhl aufsteht, kann es sogar sein, daß man ihre Scham deutlich sieht, aber was passiert? Überhaupt nichts. Keiner der Männer starrt sie an oder macht anstößige Bemerkungen. Was für eine Erleichterung! Das scheint der häufigste Grund dafür zu sein, daß Menschen am FKK-Strand sich so frei und entspannt fühlen.

Wir sind der Meinung, daß Erwachsene weniger Angst hätten, plötzlich in der falschen Situation nackt dazustehen, wenn ihre Eltern ihnen nicht von Kindheit an dieses Schamgefühl in bezug auf den nackten Körper beigebracht hätten. Viele der von uns Befragten haben diese Vermutung bestätigt. Wir können daraus nur schließen, daß die wiederholten (oft unausgesprochenen) Botschaften, der menschliche Körper müsse immer, auch vor Eltern und Geschwistern, züchtig bedeckt sein, bewirken, daß ein negatives Körpergefühl entsteht, was sich auch auf die Selbstachtung auswirkt. In unseren Privatpraxen behandeln wir Patienten mit sexuellen Funktionsstörungen und anderen zwischenmenschlichen Problemen. Viele von ihnen haben schon seit ihrer Kindheit ein zwiespältiges Verhältnis zu ihrem eigenen Körper. Man weiß zwar nicht, wie häufig das auf elterliche Verbote zurückzuführen ist, doch vermuten unsere Patienten auffallend häufig selbst, daß ihre Erziehung für ihr negatives Körpergefühl verantwortlich ist.

Das Schamgefühl scheint eine größere Rolle zu spielen, als gemeinhin angenommen wird. Viele Menschen kämen zwar nicht auf die Idee, an einen FKK-Strand zu gehen, haben aber keine Hemmungen, mit der Familie und mit guten Freunden nackt zusammenzusein. Andere dagegen haben schon Schwierigkeiten, sich nur vor ihrem Ehepartner auszuziehen. Probleme mit der Nacktheit entstehen auch aus dem Glauben, es sei irgendwie unmoralisch, einen unbekleideten Menschen anzusehen oder sich nackt vor anderen zu zeigen. Wie haben sich die gesellschaftlichen Einstellungen zur Nacktheit entwickelt? Was finden wir zum Beispiel in der Bibel darüber?

Hier lesen wir, daß Adam, nachdem er vom Baum der Erkenntnis gegessen hatte, „nackt und furchtsam" war; bevor Adam und Eva jedoch die Frucht der Erkenntnis genossen hatten, heißt es, „waren beide nackt und schämten sich nicht" (Genesis 2: 25). Im 1. Buch Samuel (19: 24) wurde Nacktheit mit den Propheten in Zusammenhang gebracht – zum Beispiel machte Saul seine Prophezeiungen in unbekleidetem Zustand. König David beobachtete heimlich Bathseba, die Frau einer seiner Generäle, als sie nackt badete, aber keiner von beiden wurde deshalb verdammt, weder sie, weil sie ihren Körper nicht sorgfältiger bedeckte, noch er, weil er ihr heimlich zusah. Das heißt, daß es nach der Bibel nicht unbedingt sündhaft oder unmoralisch ist, nackt zu sein oder einen anderen unbekleidet zu sehen. Die wunderschöne Liebeslyrik im Alten Testament,, die man König Salomo zuschreibt (das Hohelied Salomos: 1–8), scheint den weiblichen Körper zu verehren. Auf der anderen Seite wurde Noahs Sohn Ham verdammt, weil er seinen Vater nackt gesehen hatte (Genesis 9: 21–27).

Es scheint, daß es besonders dem Vater verboten war, nackt vor seine Söhne zu treten, dieses Verbot aber nicht für die Töchter galt. Manche Gelehrte haben die Ansicht vertreten, daß sich darin Angst vor Homosexualität ausdrückt und nicht Ablehnung von Nacktheit an sich.[2] Im Levitikus (dem 3. Buch Mose) wird „Nacktheit" zwar verdammt, doch scheint das vor allen Dingen für Beziehungen zu gelten, die möglicherweise zum Inzest führen könnten.

Die alten Griechen assoziierten körperliche Schönheit mit Erotik und dem moralisch Guten. Sie verehrten den Penis auf beinahe religiöse Weise, da er die Macht zur Fortpflanzung verkörperte. G. Taylor faßt ihre Ansichten folgendermaßen zusammen:

„(Sie glaubten, daß ...) der Mensch sich nicht dessen schämen sollte, was Gott geschaffen hatte. In ihren religiösen Prozessionen trugen sie auch Symbole von Phallus und Pudenda (Scham) in aller Unschuld mit sich. Für sie waren die Geschlechtsteile etwas, das heilige Ehrfurcht erweckt."[3]

Seit dem zweiten Jahrhundert n. Chr. stehen die Menschen der Nacktheit zwiespältig gegenüber, ob es sich nun um Nacktheit in der Öffentlichkeit oder im Rahmen religiöser Kulte oder Bewegungen handelt, bei denen das Entblößtsein Bestandteil bestimmter Rituale ist.[4] Auch heute gehen die Meinungen auseinander, wenn es um die Frage von Nacktheit in der Öffentlichkeit oder innerhalb der Familie geht. Für viele handelt es sich dabei um eine Frage der sexuellen Moral.

Pater Corr umreißt den traditionellen Standpunkt der katholischen Kirche wie folgt:

„Öffentliche Nacktheit, zum Beispiel an Nacktbadestränden, wird für den Katholiken nicht durch irgendein Kirchengesetz geregelt; ein solches Verhalten wird aber als lüstern und anstößig verurteilt. Es wird als unanständig empfunden, weil der Körper an sich heilig ist und es sexuell stimulierend wirkt, wenn bestimmte Teile des Körpers für andere sichtbar sind. Dasselbe gilt für Nacktheit innerhalb der Familie. In traditionell gläubigen katholischen Familien darf ein Junge zusammen mit seinem Bruder duschen oder ein Mädchen mit seiner Schwester, nie aber Junge und Mädchen zusammen."

Es scheint, als würden die meisten der von uns Befragten Nacktheit mit Sexualität oder zumindest mit einem Verhalten assoziieren, das zu sexuellen Handlungen führen kann. Ob ein unbekleideter Körper an sich schon sexuell erregend wirkt oder ob unsere Kultur ihn so definiert und uns dementsprechend beeinflußt hat, ist für unser Thema nicht von Bedeutung. Uns interessiert in erster Linie, wie Menschen moralisch über Nacktheit in der Öffentlichkeit und der Familie urteilen und wie sie diese moralischen Werturteile an ihre Kinder weitergeben. Wir kennen natürlich das Argument, daß Nacktheit innerhalb einer Familie verboten sein muß, um das Inzest-Tabu aufrechtzuerhalten. Wir sehen zwar die Notwendigkeit des Inzest-Tabus ein, bezweifeln aber, daß Nacktheit in der Öffentlichkeit und innerhalb der Familie Inzest wahrscheinlicher macht oder auch die allgemeinen Beschränkungen lockert, die die Gesellschaft dem sexuellen Verhalten außerhalb der Familie auferlegt.

Sehen wir nun, welche moralischen Botschaften den Jugendlichen von ihren Eltern mitgegeben werden. Eine junge Frau berichtet folgendes:

„Niemand hat über Nacktheit gesprochen, es war uns einfach nicht erlaubt, nackt im Haus herumzulaufen. Meine Mutter hatte mindestens Büstenhalter und Unterhose an, mein Vater eine Unterhose. Ich durfte meine Mutter allerdings nackt sehen und meine Brüder meinen Vater, aber vor mir hatte mein Vater immer mindestens eine Unterhose an, und vor meinen Brüdern zeigte meine Mutter sich nie ohne BH und Unterhose. Es wurde nie gesagt, daß Nacktheit etwas Unrechtes sei, aber wenn meine Mutter sich umziehen wollte, und mein Bruder und ich saßen bei ihr auf dem Bett, sagte sie regelmäßig: ‚Bobby, ich will mich jetzt umziehen, geh bitte aus dem Zimmer.' Sie sagte nie, warum, aber es war irgendwie keine große Sache, und wir haben es einfach akzeptiert.

Selbst wenn ich heute in den Semesterferien zu Hause bin, schnell mal von meinem Zimmer nackt ins Bad laufe und meine Mutter mich dabei erwischt, sagt sie: ‚Daddy ist zu Hause, er wird dich sehen.' Und ich antworte dann: ‚Ist doch egal, er hat mich schließlich schon vorher gesehen.' Es scheint ihr immer noch viel auszumachen, aber für mich ist das keine große Sache. Weder in meiner Kindheit noch in meiner Teenagerzeit hat mir jemals jemand zu verstehen gegeben, daß es falsch oder sündhaft oder unmoralisch oder sonstwie negativ sei, sich vor Familie und Freunden nackt zu zeigen. Bei uns wurde es einfach nicht getan.

Ich habe keine Ahnung, wie die Kirche zur Nacktheit steht. Ich nehme an, sie regen sich nicht besonders darüber auf, aber ich weiß es eigentlich nicht."

Ein junger Mann erzählt:

„Ich habe meine Eltern und meine Schwester auch zu Hause nie unbekleidet gesehen. Wenn ich gerade bei meiner Mutter im Zimmer war, und sie wollte sich umziehen, ging sie entweder ins Bad, oder sie wartete, bis ich aus dem Zimmer gegangen war. Das gleiche galt für meinen Vater. Ich glaube, ich habe ihn nur einmal in den Ferien nackt gesehen, als er aus der Dusche kam. Auch meine Schwester habe ich nur einmal nackt gesehen, als sie aus der Dusche kam und sich nicht wie sonst in ein Handtuch gewickelt hatte.

Man hat mir zwar nie gesagt, daß es etwas Unrechtes war, sondern nur, daß es sich nicht gehört. ‚Man tut so etwas nicht.' Es wurde auch nicht behauptet, daß die Kirche oder Gott etwas dagegen hätte. Ich nehme zwar an, daß sie das glaubten, aber diese Einstellung wurde mir nie übermittelt."

Und eine andere junge Frau meint:

„Wenn mein Vater sich morgens anzieht, schließt er die Tür ab. Ich durfte nie in sein Schlafzimmer, wenn er sich anzog. Auch meine Brüder durfte ich so nicht sehen. Wenn einer sich im Haus in seinen Unterhosen sehen ließ, wurde mein Vater wütend und schrie ihn an, daß er sich gefälligst anziehen solle. Meine Brüder und ich müssen vor meinen Eltern immer vollständig angezogen erscheinen, so war es schon immer.

Es machte nichts, wenn mein Vater dabei war, wenn die Brüder sich anzogen, oder die Mutter in meinem Zimmer war, wenn ich die Kleider wechselte, aber wenn wir alle zusammen sind, muß jeder vollständig bekleidet sein. Sie sagten nie, daß es irgend etwas mit Sex zu tun hatte oder mit Moral, nur daß wir uns daran zu halten hätten."

Trotz (oder vielleicht gerade wegen) dieser Verbote haben Kinder Spaß daran, miteinander nackt umzugehen und Spiele zu spielen, allerdings nur außerhalb der Sicht- und Hörweite ihrer Eltern. Eine junge Frau erzählt:

„Mit meiner ein Jahr älteren Schwester und einem Jungen, der in dem Haus hinter unserem wohnte, habe ich gern Arzt gespielt. Ich war ungefähr 6 oder 7. Ich hatte allerdings immer Angst, daß man uns dabei erwischt. Wir haben einander wirklich nicht viel berührt, sondern es kam mehr darauf an, dem anderen die Geschlechtsbereiche zu zeigen."

Manchmal werden auch innerhalb der Familie kleine, harmlose Spielchen gespielt und toleriert:

„Meine Eltern tauchten zwar nicht nackt im Wohnzimmer auf, aber sie zogen sich nichts an, wenn sie vom Schlafzimmer ins Badezimmer gingen. Wenn meine Brüder und ich sie so sahen oder wenn ich ins Zimmer meiner Mutter trat und sie nichts anhatte, sagte sie nichts und versuchte auch nicht, schnell ihren Körper zu bedecken, sondern sie benahm sich ganz natürlich. Ich erinnere mich auch daran, daß meine Brüder nach einer Dusche häufig nackt vom Bad zu ihren Zimmern gingen. Dabei mußten sie an meinem Zimmer vorbeigehen, und ich machte mir einen Spaß daraus, die Tür zu öffnen und Hallo zu sagen, um sie in Verlegenheit zu bringen. Meine Mutter wußte davon, aber sie sagte nie etwas dazu."

Offensichtlich werden junge Leute mit äußerst verwirrenden Werten konfrontiert. Nacktheit innerhalb der Familie ist nicht falsch, aber auch nicht richtig. Statt dessen wird ein von der Gesellschaft akzeptierter Benimm-Maßstab angelegt, der nichts mit religiösen Moralvorstellungen oder direkten Ansprüchen der Eltern zu tun hat. An dieses abstrakte Gebot „man tut so etwas nicht" erinnerten sich viele der jungen Leute. Häufig gaben ihre Eltern das als den einzigen „Grund" an, warum man nicht unbekleidet herumlaufen sollte. Es kommt einem beinahe so vor, als ob eine neue, wenn auch abstrakte und symbolische Phrase gefunden wurde, um autoritäre und moralische Einschränkungen zu legitimieren: es gehört sich nicht; man tut so etwas nicht, und deshalb tun wir es auch nicht. Aber ist diese Art von Logik überzeugend? Das interessierte Kind fragt: „Warum nicht?", und nach langer Überlegung kommt die nichtssagende Antwort: „Weil es so ist". Um eine Aussage zur Moral handelt es sich hier ganz sicher nicht. Was wirklich dahinter steht, nämlich die Angst vor einer Unterminierung des Inzest-Tabus und das Unbehagen, das viele in Anbetracht eines nackten Körpers befällt, wird nicht angesprochen.

Wir wollen damit nicht sagen, daß Eltern Nacktheit zu Hause entweder erlauben oder verbieten sollen. Wir können den gut verstehen, der befürchtet, daß sein

Kind sexuelle Gefühle empfindet, wenn es die Eltern nackt sieht; es passiert auch nicht selten, daß Eltern sich von ihren Teenagern sexuell angezogen fühlen. Wenn Eltern möchten, daß die Mitglieder ihrer Familie entsprechend bekleidet sind, wenn sie zusammenkommen, sollten sie sich über ihre Gründe im klaren sein. Die Frage der Moral darf dabei nicht ausgeklammert werden; vielmehr sollte man sich ehrlich damit auseinandersetzen. Nur so kann für das Kind ein moralischer Rahmen geschaffen werden, an dem es sich während seiner Entwicklung zu orientieren vermag. Wir möchten hier unser Hauptanliegen noch einmal ganz deutlich aussprechen: Wenn wir wollen, daß unsere Kinder eine gute moralische Grundlage haben, die ihnen bei zukünftigen Entscheidungen hilft, müssen wir ihnen ihre Erfahrungen in jedem Stadium ihres Lebens verständlich machen. Nur so werden sie fähig, moralische Entscheidungen zu treffen. Wir möchten noch einmal betonen: Verbot ist nicht gleich Moral. Eine moralische Entscheidung ist etwas Positives, ein Verbot dagegen etwas Negatives. Es ist wichtig, dem Kind beizubringen, daß es gut ist, die Wahrheit zu sagen und schlecht, zu lügen.

Eine ähnliche Einschätzung vertritt Pater Paul Dinter, der unter Jugendlichen, die in einer engen Beziehung zur Kirche standen, eine Befragung durchführte. Trotz ihrer engen Bindung an die Kirche lehnten diese jungen Leute die Reglementierungen ab, die ihnen nicht sinnvoll erschienen. Pater Dinter stellte darüber hinaus fest, daß es wenig nützte, wenn man an die Autorität der Kirche appellierte. Er schreibt:

„Die Ergebnisse der Befragung zeigen, daß wir es nicht fertiggebracht haben, die spirituelle Entwicklung in ihren Höhen und Tiefen mit dem auch nicht immer einfachen Prozeß der normalen menschlichen Entwicklung, die jeder durchmacht, in Verbindung zu bringen. Diese jungen Menschen sind nicht dagegen, daß man ihnen Richtlinien und Ziele setzt, aber sie verlangen, daß diese Maßstäbe etwas mit ihren persönlichen Erfahrungen zu tun haben."[5]

Unsere Interviews zeigten, daß Eltern offensichtlich sehr selten versuchen, ihren Kindern moralische Maßstäbe in bezug auf ihr Sexualverhalten zu vermitteln. Folgende Geschichte einer Mutter, die ihre Kinder deshalb in die Kirche schickte, ist nicht frei von Ironie:

„Mein Vater lief zu Hause häufig unbekleidet herum, und meine Mutter sagte ihm oft, daß er sich etwas überziehen sollte. Mir gegenüber erwähnte sie allerdings nie etwas. Auch in unserer Kirche, die zu den liberaleren gehörte, wurde nie über Themen wie Nacktheit oder sexuelle Moral gesprochen. Unser Pastor war ein verständnisvoller, lieber und feiner Mann, mit dem man einfach nicht über Sachen wie Masturbation, Nacktheit oder so reden konnte. Es grenzt schon an Ironie, daß meine Mutter eigentlich Agnostikerin war und sie uns nur in die Kirche schickte, damit wir die ‚richtigen' moralischen und ethischen Maßstäbe mitbekämen. Sie hielt die christlichen Werte in bezug auf Moral und Ethik für richtig und wollte, daß wir in der Kirche entsprechend instruiert wurden. Aber dort sprach niemand das Thema der sexuellen Moral an."

Andere Interviewpartner schienen unterschiedliche Signale aus allen möglichen Richtungen zu empfangen:

„Wenn meine Familie vor der Wahl stand, entweder zu einem Nacktbadestrand oder einem normalen zu gehen, sagten meine Eltern immer: ‚Wir sind anständige Leute, wir können uns nicht so entblößen.' Oder sie meinten: ‚Wenn du zuviel von deinem Körper zeigst, dann bleibt der Phantasie der jungen Männer ja nichts mehr überlassen!' Wenn ich wirklich an einen Nacktbadestrand hätte gehen wollen, hätten sie vermutlich gesagt: ,Na gut, solange wir nicht mitgehen müssen.'"

Wenn eine Familie sich im Hinblick auf sexuelle Verhaltensweisen strengen Maßstäben unterwirft, kann dies einen jungen Menschen lange Zeit negativ beeinflussen. Eine junge Frau berichtet:

„In meiner Familie galt es als schlecht, unbekleidet herumzulaufen. Es galt als unanständig, und wir mußten unseren Körper immer bedeckt halten. Meine Mutter bestand darauf. Ich habe eine Schwester und einen Bruder, und ich durfte mein Schlafzimmer noch nicht einmal im Nachthemd verlassen, sondern mußte mir immer einen Morgenmantel überziehen. Im Beisein meiner Mutter durfte ich nackt sein, aber nicht vor Vater oder Bruder. Ich kam zu der Überzeugung, daß mein Körper an sich unanständig sei. Ich mochte mich nicht nackt im Spiegel ansehen, so sehr verabscheute ich damals meinen Körper. Es wurden keine religiösen Gründe dafür angeführt, nur, daß es eine Schande war, unbekleidet zu sein, wenn ein männliches Wesen in der Nähe war. Weder in der Kirche noch im Religionsunterricht war das ein Thema, nur bei meiner Familie. Aber meine Lehrer in der Konfessionsschule wußten leider auch nichts Positives über den Körper zu sagen."

Und eine andere junge Frau meinte:

„Meine Schwestern und ich haben uns nie voreinander ausgezogen. Ich weiß nicht, ob mir das heute auch noch falsch vorkäme, aber ich würde mich dabei nicht wohlfühlen, denn meine Schwestern sind schon über Zwanzig und haben richtige, sexuell entwickelte Frauenkörper. Ich fand es immer gräßlich, mich vorm Turnen im Umkleideraum umzuziehen, obgleich nur Mädchen dabei waren. Ich versuchte mich dann hinter einer Tür zu verstecken oder zog mir ein langes Hemd über, so daß ich mich darunter umziehen konnte."

Wir fragten sie, ob ihrer Meinung nach Jungen ähnliche Probleme in Umkleideräumen hätten. Sie antwortete:

„Die Jungen können sich ja ihre Turnhosen unter die normale Hose anziehen und müssen sich dann nicht weiter entkleiden. Aber Jungen duschen ungern; in meiner Schule zogen sie sich nach dem Sport einfach wieder ihre Hemden an, weil sie nicht duschen mochten. Ich glaube nicht, daß sie Angst hatten, irgend jemand würde ihnen zu nahe kommen oder so: es war nur, daß sie sich auch vor den anderen Jungen nicht ganz ausziehen wollten."

Oftmals haben die Hemmungen, sich vor anderen auszuziehen, etwas mit dem eifrigen Bemühen zu tun, vor allem unbekleidete Mädchen von den Augen männlicher Wesen fernzuhalten. Eine junge Frau aus Puerto Rico hatte dazu folgendes beizutragen:

„Bei uns zu Hause durfte ich meine Mutter nackt sehen und meine Mutter mich, aber vor meinem Vater durfte ich nicht einmal in der Unterhose erscheinen. Mutter erlaubte auch nicht, daß er seine zwei- bis dreijährigen Enkelinnen unbekleidet sah. Wenn sie sich im Stuhl nach hinten lehnten, so daß man ihre Unterhose sah, hieß es: ‚Setz dich anständig hin, man kann deine Hose sehen!' Wenn ein Mädchen, auch wenn es erst zwei Jahre alt war, beim Anziehen trödelte, wurde es ermahnt: ‚Beeil dich, sonst kann... (Name eines Mannes, der im Haus war) deine Brust sehen.' Das Mädchen wurde ganz nervös und beeilte sich, und die Freundinnen meiner Mutter fanden diese Methode sehr clever.

Meine Mutter achtete immer sehr darauf, daß die Genitalien eines weiblichen Babys bedeckt waren, wenn mein Vater oder sonst ein männliches Wesen, das älter als zehn war, ins Zimmer trat."

Natürlich ist es nicht verkehrt, wenn Eltern ihre Kinder darauf aufmerksam machen, im Beisein fremder Menschen besser nicht unbekleidet herumzulaufen. Aber ein einfaches „Nein, weil ich es nicht will!" ist nur ein autoritäres Verbot und genügt nicht. Wo ist da die moralische Begründung? Kinder genießen es ganz offensichtlich, nackt bei warmem Wetter in Haus und Garten herumzulaufen und empfinden dabei weder Hemmungen noch Scham. Kleine Kinder von zwei oder drei Jahren können logischer Beweisführung sowieso noch nicht folgen, und man sollte ihnen ihre Freude an der Nacktheit lassen. Wenn sie alt genug sind zu verstehen, sollten die Eltern ihnen erklären, welche Verhaltensweisen angemessen, welche moralisch und welche unmoralisch sind, und zwar von ihrem eigenen religiösen und ethischen Standpunkt aus.

Wenn junge Leute nur mit Verboten in Sachen Nacktheit aufwachsen, ohne daß diese erklärt und begründet und ohne daß ihnen moralische Wertmaßstäbe vermittelt würden, haben sie nicht selten Zweifel, ob ihr Körper nicht an sich schon etwas Schlechtes und Beschämendes ist.

Ein großer Teil unserer Interviewpartner gab zu, daß sie sich immer geschämt hätten, wenn sie sich ausziehen mußten, auch in Situationen, die mit Sex nicht das geringste zu tun hatten. In einer Untersuchung, die Lou Lieberman Ende der 60er Jahre zu diesem Thema durchführte, befragte er mehr als 250 Studenten. Er kam zu dem Ergebnis, daß diejenigen eher ein selbstverständliches, natürliches Verhältnis zu ihrem Körper und auch ihren Genitalien hatten, bei denen es zu Hause normal war, daß beide Eltern sich auch einmal unbekleidet vor den Kindern zeigten, natürlich ohne daß die Atmosphäre sexuell angespannt war. Wie auch die Psychologin Judith Klein feststellte, spielt das Gefühl für den eigenen Körper eine wichtige Rolle für Selbstbewußtsein und Selbstachtung.

Es ist dringend erforderlich, jungen Menschen ein positives Selbstbild und Selbstwertgefühl zu vermitteln, das auch den Körper einschließt.

Anmerkungen

1 Hartman, William E. u. a.: Nudist Society. New York 1970
2 Bullough, Vern L.: Sexual Variance in Society and History. Chicago 1976, S. 82
3 Taylor, Gordon Rattray: Sex in History. New York 1954, S. 227 (dt. Übers.: Im Garten der Lüste. Frankfurt/M. 1970)
4 Ilfeld, Fred/Roger Lauer: Social Nudism in America. New Haven 1964, S. 23–40
5 Vgl. Basler, Howard: „A New Approach for Teaching Morality“. In: The Tablet, Oktober 31, 1987, S. 24

Sex ohne Trauschein

Als wir uns über die Gliederung dieses Buches Gedanken machten, planten wir zunächst separate Kapitel zu den Themen: vorehelicher Sex, eheliche Beziehung ohne Trauschein und uneheliche Wunschkinder. Es wurde uns jedoch bald klar, daß es sinnlos ist, Fragen sexueller Moral für jeden Themenbereich einzeln abzuhandeln, da diese Bereiche eng miteinander verbunden sind; hinzu kommt, daß die genannten Begriffe heute nicht mehr aussagekräftig sind. Ein 59jähriger Freund zum Beispiel hat nie geheiratet, war aber immer mit Frauen liiert. Kann man das noch als vorehelichen Sex bezeichnen? Oder hat eine geschiedene Frau von 39 nachehelichen Sex? Wie ist es, wenn sie plant, ihren derzeitigen Freund zu heiraten? Hat sie dann nicht sowohl eine voreheliche als auch eine nacheheliche sexuelle Beziehung? Das ist logisch, aber absurd. Bezeichnungen und Kategorien können manchmal helfen, den Denkprozeß zu klären, als Stereotypen können sie aber auch zur Falle werden und das Vorstellungsvermögen einschränken. Auch wenn wir den häufig verwendeten Begriff „vorehelicher Sex“ nur auf junge Leute beschränken wollten, die nie verheiratet waren, müßten wir entscheiden, wo die magische Altersgrenze liegt, um noch von vorehelichem Sex sprechen zu können. Bei 25, 35 oder 40 Jahren? Und was heißt überhaupt Sex? Ist damit nur die koitale Vereinigung der Partner gemeint oder auch orale und manuelle sexuelle Betätigungen? Und wie ist es mit verbalem Sex, sexuellen Phantasien und so weiter? Genug der Haarspaltereien.

Sexualverhalten hat für jeden eine etwas andere Bedeutung, und die moralischen Fragen und Richtlinien des einzelnen hängen eng mit seiner Religion, den Menschen, die ihm dort Ansprechpartner sind und mit der Gesellschaft, in der er lebt, zusammen. Wir können also nur in ganz allgemeinen Begriffen sprechen und müssen es dem Leser überlassen, Einzelheiten, die mit seiner Religion, seiner ethnischen Herkunft, seinen Überzeugungen und seinem Verantwortungsgefühl zusammenhängen, ergänzend einzufügen. Im folgenden werden wir den Ausdruck nicht-ehelicher Sex für eine auf gegenseitigem Einverständnis beruhende sexuelle Beziehung zweier unverheirateter Menschen verwenden.

Woher stammen die Maßstäbe der nicht-ehelichen sexuellen Moral, mit denen wir uns heute auseinandersetzen müssen? Historiker sind der Meinung, daß die in der Bibel niedergelegten Maßstäbe der Hebräer auf Sitten und Einstellungen von Völkern zurückgehen, die vor ihnen diese Gegend bewohnten. Nicht-ehelicher Geschlechtsverkehr war aus einer Reihe von Gründen eher selten. Die Hebräer des Altertums heirateten sehr jung, meistens in der Pubertät, manchmal auch noch früher. Frauen galten als Besitztum ihrer Familien, gehörten also erst ihrem Vater und dann ihrem Ehemann. Sex mit einer Frau, mit der man nicht verheiratet war, war also gleichbedeutend mit Diebstahl. Wer diese Gesetze verletzte, mußte Schadenersatz leisten. Ein Ehebrecher war zum Beispiel gezwungen, seine Frau dem

Vater der Frau, mit der er Ehebruch begangen hatte, zu überlassen und dann die Tochter zu heiraten. War er nicht verheiratet, mußte er an den Vater zahlen und die Tochter heiraten; der Vater hatte aber das Recht, die Bezahlung anzunehmen und die Tochter dennoch zu behalten.[1] Schließlich steht im Deuteronomium (5. Buch Mose: 22:14–21), daß eine Frau gesteinigt werden konnte, wenn ihr Ehemann feststellte, daß sie nicht jungfräulich in die Ehe gegangen war und die Eltern keine Gegenbeweise beizubringen vermochten.[2]

Unter den frühen Christen blieb die hebräische Definition der Beziehung zwischen Sex und Ehe nahezu unverändert bestehen. So hieß es bei dem heiligen Augustinus und später auch bei anderen christlichen Theologen, daß Geschlechtsverkehr nur einen Zweck hätte, nämlich den der Zeugung von Kindern innerhalb einer ehelichen Bindung. Nicht-eheliche sexuelle Aktivitäten wurden deshalb verurteilt.[3]

Im frühen 16. Jahrhundert klagten Reformatoren der katholischen Kirche, unter ihnen auch Martin Luther, daß sich die Moral gefährlich gelockert habe; so würden unverheiratete Frauen Männer verfolgen und sich ihnen sexuell anbieten. Luther war darüber entsetzt; für ihn war nicht-ehelicher Geschlechtsverkehr Unzucht und eine Sünde gegen die Eltern des Mädchens, da diese sozusagen ihre Tochter infolge ihres sexuellen Vergehens verloren.[4]

Viele nicht-eheliche sexuelle „Vergehen“ unterstanden ursprünglich der kirchlichen Gerichtsbarkeit, gingen dann aber allmählich auch in die weltliche Gesetzgebung ein. So beschloß das englische Parlament unter Edward IV., daß ein Mann, der eine Jungfrau verführt und geschwängert hatte, sie heiraten mußte, sofern sie damit einverstanden war. Lehnte sie die Ehe ab, mußte er ihr ein Drittel seines Besitzes überschreiben oder eine andere Art von Abmachung treffen, um das Kind zu unterstützen. Die anglikanische Kirche vertrat die damals allgemein verbreitete Auffassung, daß Sex außerhalb der Ehe nicht nur Sünde war, sondern auch gegen das Gesetz verstieß. Manchmal wurde Unzucht mit Gefängnis bestraft, und manchmal konnte jemand wegen Ehebruch sogar zum Tode verurteilt werden, obwohl ein solches Urteil nur selten vollstreckt wurde.

Wie in England, wurde auch in den Kolonien der Neuen Welt nicht-ehelicher Sex weniger streng beurteilt als Ehebruch. In allen Kolonien, mit Ausnahme von Rhode Island und Plymouth, wurde Ehebruch mit Auspeitschen, Brandmarken und Geldbußen, in seltenen Fällen auch mit dem Tode bestraft.[5] Wenn ein Kind einem Ehepaar „vor der Zeit" geboren wurde, ein Beweis für vorehelichen Geschlechtsverkehr, mußte der Ehemann im allgemeinen nur eine Strafe zahlen; seine Frau wurde vor den Augen der Öffentlichkeit in den Stock gelegt, eine erniedrigende Strafe, aber immer noch milder als Auspeitschen oder Brandmarken.[6] In Plymouth wurde Unzucht mit der Summe von zehn Pfund oder Auspeitschen bestraft, also weniger streng als Ehebruch. Zeitgeschichtlichen Dokumenten kann man entnehmen, daß damals nicht-ehelicher Sex häufig vorkam und die Gesellschaft den Geschlechtsverkehr eines verlobten Paares tolerierte, solange keine Kinder gezeugt wurden.[7]

Die frühe amerikanische Geschichte zeigt, wie sich ein Trend, der sich über mehr als tausend Jahre entwikkelt hatte, langsam umkehrte. Bisher hatten weltliche Maßstäbe immer religiöse Moralvorstellungen zur

Grundlage; allmählich gewannen jedoch sexuelle Verhaltensmuster, die von der Gesellschaft toleriert wurden, neben religiösen Maßstäben an Gewicht, und nicht selten kam es zum moralischen Konflikt. Diese Tendenz hat heute ihren Höhepunkt erreicht; man kann beobachten, daß sich die Weltreligionen bemühen, ihre sexuellen Moral-Kodizes den heutigen, von der Gesellschaft akzeptierten weltlichen Maßstäben anzupassen. Wir werden später noch darauf zurückkommen.

Die Einstellungen begannen sich zwar schon zu Beginn der Kolonisation Nordamerikas zu ändern, die große Verschiebung von der religiösen zur weltlichen Grundlage sexueller Maßstäbe fand aber erst im späten 19. Jahrhundert statt.

Um diese Veränderungen zu verstehen, muß man wissen, daß an dem traditionellen sexuellen Moralkodex, sexuelle Aktivitäten nur in einer ehelichen Beziehung zu gestatten, aus zwei Gründen festgehalten wurde: das war die Möglichkeit einer Schwangerschaft und die Gefahr, sich eine Geschlechtskrankheit zuzuziehen. Hinzu kam die Überzeugung (und man darf nicht vergessen, daß dies lange vor Freud und der Entdeckung der Libido war), daß Frauen eigentlich von Natur aus sexuell passiv und uninteressiert seien und nur durch den Mann „erweckt" werden konnten. Das bedeutete, daß die patriarchale Gesellschaft große Macht über die Sexualität der Frau hatte. (Wir werden später noch ausführlicher erläutern, wie diese Faktoren, zusammen mit traditionellen religiösen Interpretationen der Beziehung zwischen Mann und Frau, dazu führten, daß an das Verhalten von Mann und Frau zweierlei Maßstäbe angelegt wurden.)

Seit Beginn des 20. Jahrhunderts begannen sich die

Vorstellungen von weiblicher Sexualität langsam zu ändern; aber noch 1950, als Kinsey und seine Kollegen ihre Untersuchungen durchführten, war man überwiegend der Meinung, Frauen hätten kein Interesse an Sex; immer noch wurde also die weibliche Sexualität in weiten Teilen des Landes unterdrückt:

„45 Prozent der befragten Frauen gaben ihr fehlendes sexuelles Interesse als Grund an, warum sie vor der Ehe sexuell wenig aktiv waren (...), aber es scheint, als ob dieser angebliche Mangel oder die Unfähigkeit, sexuell zu reagieren, eine noch größere Bedeutung hatte, als den Frauen selbst bewußt war. Wie schon vor langer Zeit festgestellt wurde, ist es leichter, sich einer Sünde zu enthalten, wenn man physisch oder physiologisch die Fähigkeit zu sündigen nicht besitzt oder sie nur schwach vorhanden ist. An zweiter Stelle stand die Angst vor einer Schwangerschaft; für 44 Prozent der befragten Frauen war dieser Faktor entscheidend dafür, daß sie vor der Hochzeit selten oder gar keinen Geschlechtsverkehr hatten."[8]

Doch kommen wir noch einmal auf die „große Umwälzung" in Sachen sexueller Moral zurück. In der Entwicklungsgeschichte sexueller Einstellungen und Verhaltensweisen ist das Jahr 1876 von großer Bedeutung, in dem der Öffentlichkeit das erste vulkanisierte Gummikondom präsentiert wurde. Der Soziologe Ira L. Reiss ist der Meinung, daß die sexuelle Befreiung der Frauen, besonders der mittleren und oberen Schichten, vor allen Dingen der Erfindung des Kondoms, des Pessars und des Diaphragmas gegen Ende des 19. Jahrhunderts zu verdanken war. Er weist darauf hin, daß junge Leute sich nun nicht mehr ausschließlich in Gegenwart einer Anstandsperson treffen durften, sondern daß man ihnen auch schon ein längeres Zusammensein zu zweit zugestand.[9] (Die Erfindung des Automobils machte es dem jungen Paar in der Folge noch leichter, für sich zu sein.)

Mit der Entwicklung wirkungsvoller oraler Verhütungsmittel in den 60er Jahren und mit den immer besseren Möglichkeiten, Geschlechtskrankheiten durch Antibiotika und andere Medikamente zu heilen, fielen die zwei Hauptgründe fort, die gegen eine nicht-eheliche geschlechtliche Beziehung gesprochen hatten; eine größere sexuelle Emanzipation in den 60er und 70er Jahren war die Folge. Moralische Einschränkungen und Tabus, vor allen Dingen im Hinblick auf die Sexualität der Frau, blieben jedoch weiterhin bestehen. Im Unterschied zu früher lagen die Gründe dafür jetzt weniger in religiösen Überzeugungen, sondern in Beschränkungen durch die Gesellschaft selbst. Kinsey und seine Kollegen machten dabei folgende Beobachtung:

„Bei der Analyse der Gründe, die sie dazu bewogen hatten, auf vorehelichen Geschlechtsverkehr zu verzichten, führten 89 Prozent der Frauen moralische Erwägungen an (...). Einige bestanden aber darauf, daß sie überlieferte Moralvorstellungen nicht einfach übernommen, sondern durchaus rational entschieden hätten, was für sie ratsam, anständig, korrekt, vernünftig, richtig oder falsch, besser oder gar am besten sei. Es handelt sich hier um einen interessanten Versuch der jüngeren Generation, ihre Befreiung von religiösen Traditionen zu betonen, obwohl die meisten diesen Traditionen noch weiter folgten, ohne allerdings recht zu wissen, wie sie ihre Verhaltensweisen nun rechtfertigen sollten."[10]

Interessant ist hieran, daß sich die sexuellen Maßstäbe gar nicht sehr verändert hatten, sondern man in erster Linie eine neue Erklärung oder eine veränderte moralische Ausgangslage suchte. Dies deutet darauf hin, daß den Menschen unter Umständen gar nicht daran gelegen ist, die Maßstäbe für ein moralisches Sexualverhalten abzuschaffen; was man verändern will, ist vielmehr die autoritäre Anordnung dieser Richtlinien. Vielleicht stehen heute Theologen, Erzieher und Eltern vor der schwierigen aber wichtigen Aufgabe, Maßstäbe für Sexualverhalten in ein allgemeines moralisches System zu integrieren, das dem jungen Menschen sinnvoll erscheint, anstatt nur autoritär zu erklären: „Du tust das nicht, weil ich es nicht will!" Dies ist jedoch nur möglich, wenn wir akzeptieren, daß traditionelle moralische Grundwerte in Frage gestellt werden dürfen.

Die meisten Menschen sind auch heute noch der Meinung, daß nicht-ehelicher Sex von der Religion nicht erlaubt wird. Sie sind der Überzeugung, daß dieses Verdikt schon in der Bibel festgelegt wurde.

Rabbi Kravitz schreibt zu den biblischen Quellen moralischer Maßstäbe für nicht-ehelichen Sex:

„Traditionell war vorehelicher Geschlechtsverkehr nicht erlaubt, wenngleich dieses Verbot für Männer und Frauen unterschiedliche Folgen hatte. Auf die Jungfräulichkeit einer Frau wurde großer Wert gelegt. Im 5. Buch Mose (22:13) zum Beispiel beschwert sich ein Mann darüber, daß seine Frau keine Jungfrau mehr war, als er sie heiratete. Die Eltern aber zeigen nach der Hochzeitsnacht das Bettuch ihrer Tochter vor und beweisen so, daß sie noch jungfräulich war. Der Mann muß daraufhin dem Vater eine Strafe zahlen. Hätte sich aber herausgestellt, daß der junge Ehemann recht hatte, wäre das Mädchen laut Bibel gesteinigt worden. (...) Dagegen können wir in der Bibel keinen Hinweis darauf finden, daß ein Mann gestraft wurde, wenn er bereits vor der Ehe Geschlechtsverkehr hatte.

Offensichtlich hatte die Bedeutung der Jungfräulichkeit etwas mit einer Art Ehevertrag zu tun, der dem zukünftigen Ehemann eine jungfräuliche Braut versprach, so daß sich dann die Frage stellte, ob dieser Teil des Vertrags auch eingehalten worden war. Es ist interessant, daß der Mann, der sich zu Unrecht beklagt hatte, nur eine Geldstrafe zahlen mußte."

Rabbi Kravitz spricht auch über das Bemühen, eine zeitgemäßere Sexualethik zu entwickeln, in die die heutigen Einstellungen zu nicht-ehelichem Sex integriert werden können:

„Solche Versuche sind nicht einfach. Probleme entstehen dann, wenn wir von den alten vertraglichen Auflagen, die voreheliche Beziehungen verboten haben, absehen und dem einzelnen die Kontrolle über sein Sexualverhalten überlassen. Ethische Überlegungen zu sexuellen Verhaltensweisen sollten sich auf eine liebevolle, ernsthafte und einfühlsame Beziehung zwischen den Partnern konzentrieren; andererseits könnte dies aber zu Rechtfertigungen des Typs: ‚Ich möchte Sex in dieser Beziehung, also empfinde ich sie durchaus als liebevoll und ernst' führen. Wenn aber das sexuelle Verlangen abgeklungen ist oder irgend etwas schiefläuft, bedeutet das auch das Ende der Beziehung. Bisher ist es uns nicht gelungen, eine neue religiöse Sexualethik zu formulieren, die auch wirklich funktioniert.

Von einem orthodoxen und traditionellen Standpunkt aus besteht der einzige Zweck des Geschlechtsverkehrs im Zeugen von Kindern. Allerdings darf das nur innerhalb einer Ehegemeinschaft stattfinden. Der Wunsch einer unverheirateten Frau nach einem Kind gilt nicht als schwerwiegend genug, um Sex außerhalb einer Ehe zu gestatten. Man hat nicht die Freiheit, sich für oder gegen Kinder zu entscheiden. Wer nicht verheiratet ist, dem ist es nicht erlaubt, und wer verheiratet ist, der hat die Pflicht, Kinder zu bekommen."

Auch die Mitglieder der römisch-katholischen Kirche müssen sich mit dem Problem einer neuen Definition sexueller Ethik in der heutigen Zeit auseinandersetzen.[11] Pater Finbarr Corr erklärt dazu folgendes:

„Bis in die 60er Jahre hinein waren die Prinzipien sexueller Moral und Ethik eindeutig. Die Gesetze der Kirche ließen keine Zweifel zu: Wenn du dem Gesetz gehorchtest, konntest du keine Sünde begehen; wenn du dem Gesetz zuwiderhandeltest, hattest du gesündigt. Diese Gesetze gingen bis in die Einzelheiten: Wenn du nicht verheiratet warst, durftest du nicht masturbieren, die Brüste oder Geschlechtsteile eines Mädchens nicht berühren, natürlich keinen Geschlechtsverkehr haben, ja, du durftest nicht einmal richtig küssen, da es dir dabei um den sexuellen Genuß ging.

Mit dem Zweiten Vatikanischen Konzil wurden diese Maßstäbe zwar bestätigt, nur legte die Kirche jetzt größeren Wert auf die Würde des einzelnen, wenn es um die Befolgung des Gesetzes ging. Es war dem Priester häufiger überlassen zu entscheiden, wann eine sexuelle Handlung als Sünde zu bezeichnen war. Das kann dazu führen, daß ein Priester eine andere Position als die des kirchlichen Gesetzes einnimmt, dann nämlich, wenn seine Interpretation, was Handeln auf Grund des Gewissens bedeutet, eine andere als die der Kirche ist.

Die meisten Katholiken kennen heute die Einstellung der Kirche zu Abtreibung und Homosexualität, doch gibt es noch viele sexuelle Verhaltensweisen, bei denen sie im Zweifel sind, ob sie eine Sünde begehen oder nicht. So gilt zum Beispiel der Geschlechtsverkehr eines jungen unverheirateten Paares als Sünde; sollten sie einander aber beim Austauschen von Zärtlichkeiten sexuell erregen, gilt das nicht notwendigerweise als Sünde, sofern sie sofort aufhören, sobald ihnen der Zustand der Erregung bewußt geworden ist. Wichtig ist also wieder, welche Absicht hinter einem gewissen Verhalten steht.

Manche Menschen glauben, daß die Kirche gegen Sex eingestellt ist. Um zu verstehen, woher diese scheinbar negative Einstellung stammt, müssen wir uns mit der Geschichte der Kirche, aber auch mit der Geschichte des männlichen Selbstverständnisses beschäftigen. Es gab eine Zeit, in der man glaubte, daß Männer den Frauen überlegen seien. Frauen hatten angeblich kein Interesse an Sex. Der sexuelle Trieb des Mannes dagegen war akzeptiert; dafür gab es Prostituierte. Männer durften also sexuell erfahren in die Ehe gehen, Frauen dagegen mußten im weißen Kleid, also jungfräulich vor den Altar treten. Ich habe häufig junge katholische Männer mit ihren sexuellen Erfahrungen angeben hören. Auch wenn sie verlobt waren, hatten sie diese Erfahrungen nie mit ihrer Verlobten gemacht. Denn ihre Braut sollte unbedingt unberührt in die Ehe treten."

Die Frage, ob man vor oder nach einer Ehe oder in einer nicht-ehelichen Lebensgemeinschaft sexuell aktiv sein sollte oder nicht, ist vom moralischen Standpunkt aus nur sehr schwer zu beantworten. In erster Linie liegt dies an der verwirrenden Vielfalt sexueller Verhaltensweisen, die sich in der modernen Gesellschaft entwikkelt haben. Wir kennen beispielsweise eine Reihe von unverheirateten jungen Frauen, die nichts gegen Geschlechtsverkehr mit einem Mann einzuwenden haben, allerdings nur dann dazu bereit sind, wenn sie ihn auch lieben. Andere glauben ernsthaft, daß sie sich vor einem möglichen zukünftigen Ehemann noch als Jungfrau ausgeben können, nur weil bei ihnen das Jungfernhäutchen noch intakt ist – obgleich sie schon alle möglichen Erfahrungen mit oralem, analem und manuellem Sex gemacht haben, manchmal sogar mit einer ganzen Reihe von Partnern.

Es gibt für alte und junge Menschen heute eine Fülle von unterschiedlichen Richtlinien, die nicht nur das Verhalten vom ersten Kennenlernen bis zur Verlobung betreffen, sondern auch in Beziehungen zwischen Eheleuten zum Tragen kommen. Beispielsweise wird in bezug auf eheliche Untreue auch heute noch bei Männern ein sehr viel toleranterer Maßstab angelegt als bei Frauen.

Vor etwa zwanzig Jahren stellte Ira Reiss eine Reihe von Richtlinien für sexuelle Verhaltensweisen zusammen. Selbst heute noch läßt sich daraus gut ablesen, welche Möglichkeiten jungen unverheirateten Leuten offenstehen:

1. *Enthaltsamkeit* – Geschlechtsverkehr vor der Ehe wird abgelehnt.
   a) Petting ohne Zuneigung – Petting ist erlaubt, auch wenn nur wenig Zuneigung zwischen den Partnern besteht.
   b) Petting mit Zuneigung – Petting ist nur in einer stabilen, liebevollen Beziehung erlaubt.
   c) Küssen ohne Zuneigung – Küssen ist erlaubt, allerdings ist keine besondere Zuneigung dazu nötig.
   d) Küssen mit Zuneigung – Küssen ist erlaubt, allerdings nur in einer stabilen, liebevollen Beziehung.
2. *Doppelte Moral* – Männer sind eher berechtigt, vor der Ehe Geschlechtsverkehr zu haben.
   a) Orthodox – Männer dürfen Geschlechtsverkehr haben; Frauen werden deshalb verurteilt.
   b) Übergang – Für Männer ist es leichter, Sex-Partnerinnen zu finden; bei Frauen wird Geschlechtsverkehr toleriert, sofern sie den Mann lieben und/oder mit ihm verlobt sind.
3. *Freizügigkeit ohne Zuneigung* – Männer wie Frauen haben das Recht auf vorehelichen Geschlechtsverkehr, unabhängig davon, ob Zuneigung besteht oder nicht.
   a) Orgiastisch – Lustgefühle sind so wichtig, daß auf Verhütungsmittel nicht viel Gewicht gelegt wird.
   b) Überlegte, differenzierte Lustgefühle sind wichtig, allerdings wird auf Verhütungsmittel zum

Schutz vor Geschlechtskrankheiten und Schwangerschaft großes Gewicht gelegt.

4. *Freizügigkeit mit Zuneigung* – Voreehelicher Geschlechtsverkehr ist für Männer und Frauen erlaubt, sofern sie eine stabile, liebevolle Beziehung haben.
   a) Liebe – Liebe und/oder Verlobtsein sind Voraussetzungen für Geschlechtsverkehr.
   b) Starke Zuneigung – Starke Zuneigung reicht als Voraussetzung für Geschlechtsverkehr aus.[12]

Sehen wir uns einmal genauer an, was sich hinter diesen moralischen Richtlinien für sexuelle Verhaltensweisen verbirgt und wie sie angewendet werden können. Vermutlich halten die meisten Menschen Enthaltsamkeit bei Unverheirateten für eine feststehende religiöse Norm. Aber auch hier gibt es, wie wir gesehen haben, Unterschiede zwischen den verschiedenen religiösen Gruppierungen. Manche sind der Meinung, daß Küssen nur dann akzeptiert werden kann, wenn auch Zuneigung besteht; andere tolerieren selbst Petting ohne besondere Zuneigung der Partner, sozusagen als Übung für die sexuelle Rolle in der Ehe. Natürlich gibt es Religionen, die jegliche Art von Küssen und Petting verbieten, weil sie befürchten, junge Leute könnten dabei die Kontrolle verlieren und zu weit gehen.

Trotz Frauenbewegung und Männergruppen, die sich um Selbstfindung und ein offeneres Bewußtsein bemühen, zeigen uns Anrufe und Briefe, daß die „doppelte Moral" in der männlichen, aber auch in der weiblichen Denkweise immer noch vorhanden ist; das gleiche wurde uns auch in unseren Interviews bestätigt. Viele uns bekannte Mütter und Väter, die durchaus als liberal, aufgeklärt, verständnisvoll und gebildet zu bezeichnen sind, machen sich keine oder nur wenig Sorgen darum, ob ihr Sohn schon sexuell aktiv ist; die Tochter aber wird mit Adleraugen bewacht. Es sind dieselben Eltern, die aus Überzeugung die verschiedenen Befreiungsmärsche der 60er Jahre mitgemacht haben und die der Meinung sind, sie gehörten zu den liberal denkenden Menschen in Sachen Sex. Wahrscheinlich rechtfertigen sich manche Eltern damit, daß es schließlich ihre Tochter sei, die schwanger werden könne und nicht ihr Sohn. Aber der Sohn kann schließlich die Tochter eines anderen Elternpaars schwängern. („Aber mein Sohn könnte ja ein Kondom benutzen." – „Aber deine Tochter, könnte sie nicht auch ein Verhütungsmittel nehmen?") In folgender Geschichte wird die doppelte Moral in der Denkweise der Eltern besonders deutlich. Eine junge Frau erzählt:

„Ob mein Bruder anders behandelt wurde als wir Mädchen? Das kann man wohl sagen; noch während der letzten Weihnachtstage, die ich zu Hause verbracht hatte, wurde das ganz deutlich. Mein Vater, meine Mutter, meine Schwester Maryann, sie ist 19, und ich saßen zusammen beim Abendbrot. Maryanns Zwillingsbruder war nicht da, er wollte das Wochenende bei seiner Freundin verbringen, die eine eigene Wohnung hatte. Maryann wollte auch ausgehen und nicht schon wie sonst um Mitternacht wieder zu Hause sein müssen. Mein Vater blieb eisern. Meine Schwester darauf: ‚Dad, Paul ist heute zu seiner Freundin gefahren, um bei ihr das Wochenende zu verbringen, und ich darf nicht einmal etwas länger als sonst wegbleiben?' Er sagte nur: ‚Nein, du mußt um Mitternacht zu Hause sein.' ‚Aber Dad...' ‚Es tut mir leid, aber Paul ist ein Junge und du ein Mädchen. Du mußt um 12 zu Hause sein und auch wenn es dir nicht paßt, kann ich nichts daran ändern. Solange du in meinem Haus lebst, tust du, was ich sage.'"

Welchen Einfluß haben solche moralischen Maßstäbe

Ihrer Meinung nach auf die Selbstachtung eines jungen Mädchens bzw. einer jungen Frau? Haben wir wirklich das Recht, Moral zu predigen, wenn wir den Wert eines Menschen nach seinem Geschlecht bemessen oder andere erniedrigende Maßstäbe anlegen? Genügt es, persönliche Autorität zu besitzen, wenn man moralische Richtlinien aufstellen und weitergeben will? Wir sind nicht dieser Meinung. Vielmehr kommt es darauf an, daß diese Richtlinien konsequent und fair sind, daß sie auf alle Aspekte des Lebens anwendbar und demjenigen bekannt sind, für den sie gelten sollen. Wenn Eltern ihrer Tochter nach Mitternacht nicht vertrauen, drücken sie damit aus, daß sie zu keiner Zeit echtes Vertrauen in sie setzen. Wenn sich die Eltern derartige Sorgen machen, daß sie nach Mitternacht kein Auge zutun, wenn die Tochter nicht im Haus ist, sind sie auch schon vor Mitternacht unruhig. Wenn sie Angst um ihr Kind haben, weil sie nicht wissen, wo es sich zu so später Stunde aufhält, sollten sie auch schon vor Mitternacht besorgt sein. Es ist eine Sache der Rücksicht, des Verständnisses für den anderen und nicht zuletzt des gesunden Menschenverstandes, daß Eltern und Kinder sich über diese Punkte einig werden. Eltern machen sich nun einmal Sorgen, wenn ihre Kinder nicht im Haus sind, das wissen wir aus eigener Erfahrung; teilweise ist das verständlich (Trennungsangst), teilweise aber einfach unvernünftig und nicht gerechtfertigt. Wenn Eltern mit ihren heranwachsenden Kindern über ihre Ängste sprechen, werden die Jugendlichen von sich aus bereit sein anzugeben, wo sie im Notfall zu erreichen sind. Diese Abmachungen haben aber mehr mit Verständnis und Rücksicht zu tun als mit sexueller Moral und sollten ganz sicher keine Grundlage für eine doppelte Moral bilden, nach der junge Männer und junge Frauen unterschiedlich behandelt werden. Eltern müssen ihre Autorität von allgemeinen moralischen Richtlinien zu trennen wissen. Wenn Moralvorstellungen Kindern autoritär „verordnet“ werden, betrachten sie sie nur als eine Belastung, die sie ertragen müssen, solange sie im Haus der Eltern sind und die sie vernachlässigen können, sobald sie den Einflußbereich der Eltern verlassen haben.

Was versteht Ira Reiss unter „Freizügigkeit ohne Zuneigung“? In unserer heutigen Gesellschaft ist dieser sexuelle Maßstab nicht unbedingt verbreitet; in den 60er und 70er Jahren drückte sich darin jedoch eine Rebellion gegen die doppelte Moral aus. Vom moralischen Standpunkt aus scheint dieser Maßstab jedes Prinzip zu verneinen, weil er sämtliche Regeln, die mit der Disziplinierung durch die Gesellschaft und auch durch sich selbst zu tun haben, negiert. „Freizügigkeit ohne Zuneigung“ muß als absolut hedonistische Haltung zur Sexualität angesehen werden, da sie als wichtigstes Ziel des sexuellen Akts eine Befriedigung des Selbst verlangt, die nichts mit der zweiten Person zu tun hat, die mitbeteiligt ist. Kaum einer würde zugeben, daß dieser Maßstab für ihn gilt, aber leider muß man wohl eine solche Einstellung für viele der ungewollten Schwangerschaften unter Teenagern verantwortlich machen. Es ist zu vermuten, daß zahlreiche Menschen moralische Maßstäbe für sexuelles Verhalten nicht wirklich akzeptiert haben (sofern sie überhaupt jemals damit in Berührung gekommen sind), so daß allein der natürliche sexuelle Trieb bestimmt, wann sie Geschlechtsverkehr haben – eben auch dann, wenn sie aus verschiedenen Gründen davon Abstand nehmen sollten. Wer diesen

Menschen Enthaltsamkeit predigt, gibt ihnen damit keinen moralischen Maßstab an die Hand. Denn die Wahlmöglichkeit Enthaltsamkeit schließt logischerweise die Alternative ein, nicht enthaltsam zu sein. Wir können nicht das eine erwähnen und das andere totschweigen. Wenn wir akzeptieren, daß nicht enthaltsam zu sein auch eine mögliche Verhaltensweise ist, müssen wir uns damit abfinden, daß viele die Einstellung „Freizügigkeit ohne Liebe" zu ihrer eigenen machen. Wenn lediglich die Enthaltsamkeit als moralischer Maßstab gelehrt wird, bedeutet das keinesfalls, daß sie auch gelebt wird. Es handelt sich hier um eine Realität des Lebens, und wir können nicht so tun, als sei sie nicht vorhanden, nur weil sie uns nicht gefällt.

Kommen wir nun zur „Freizügigkeit mit Zuneigung". Die Enthaltsamkeit entsprach zweifellos der Norm sexueller Moral in der Vergangenheit. Sie gilt auch heute noch für viele religiöse Gruppen, die wir im allgemeinen als „traditionell", „orthodox" oder „fundamentalistisch" bezeichnen. Neuere Diskussionen zum Thema sexuelle Moralvorstellungen und Werte weisen jedoch darauf hin, daß „Freizügigkeit mit Zuneigung" möglicherweise in die Kategorie einer neuen sexuellen Moral gehört, die von den meisten akzeptiert werden kann. Diese Diskussionen finden innerhalb und außerhalb der Kirche statt, und zwar nicht nur in den Vereinigten Staaten, sondern auch in Europa; alle etablierten Religionen versuchen den sich erweiternden Abgrund irgendwie zu überbrücken, der sich zwischen den traditionellen religiösen Lehren und den Realitäten der modernen Welt aufgetan hat. Man hofft, „Freizügigkeit mit Zuneigung" könnte einen Maßstab darstellen, der sich in ein System sexueller Moralvorstellungen und Werte integrieren läßt, das zu anderen moralischen Prinzipien der Religion paßt. Wir halten diese Entwicklung, Moralvorstellungen als Richtlinien für diejenigen zu betonen, die eine Wahl in sexuellen Situationen treffen müssen, für richtig.

Reiss' Maßstäbe machen deutlich, daß Moralvorstellungen und Verhaltensmaßstäbe, die jungen Leuten nahegebracht und zur Wahl vorgelegt werden, häufig das Risiko einer ungewollten Schwangerschaft beinhalten, es sei denn, die Maßstäbe verlangen von jedem absolute Enthaltsamkeit. Sexualkunde ist zwar nicht unbedingt ein Anliegen dieses Buches; dennoch müssen wir an dieser Stelle noch einmal ganz energisch darauf hinweisen, daß jeder, der einen anderen Weg als den der absoluten Enthaltsamkeit wählt, sich ausreichend um Verhütungsmaßnahmen kümmern muß, um ungewollte Schwangerschaften zu vermeiden. Derjenige, der für sich den Maßstab „Freizügigkeit ohne Zuneigung" in Anspruch nimmt, sollte vorher die möglichen Folgen bedenken und Verhütungsmittel anwenden. Wer an exponierter Stelle in der Gesellschaft Enthaltsamkeit predigt, muß gleichzeitig den Zugang zu Verhütungsmitteln für diejenigen Mitglieder der Gesellschaft liberalisieren, die Enthaltsamkeit als moralische Norm nicht akzeptieren können. Andernfalls zeigt sich darin Gefühllosigkeit und Intoleranz denen gegenüber, die andere moralische Einstellungen haben.

Welche Meinungen vertraten nun die Männer und Frauen, die wir interviewten? Wer hat ihnen ihre moralische Einstellung zu nicht-ehelichem Sex vermittelt?

Eine junge Frau berichtete, wie ihre Mutter sie darin bestärkte, ihre Jungfräulichkeit zu bewahren:

„Mit 13 oder 14 hatte ich eine Freundin, die sexuell sehr aktiv war. Sie hatte immer einen Freund und erzählte mir so viele Einzelheiten, daß ich damit ganze Bücher hätte füllen können. Ich weiß nicht, ob sie Verhütungsmittel benutzte oder nicht; zumindest redete sie oft von Sex. Ich fand das ziemlich widerlich, denn ich hatte zu dem Zeitpunkt noch kaum einen Jungen geküßt. Auf der anderen Seite war ich sehr neidisch und hielt mich für nicht attraktiv genug, um einen Freund zu haben. Aber meine Mutter sagte mir immer wieder: ‚Kathleen, der Mann, der sich einmal für dich interessieren wird, ist älter. Die Jungen, die du jetzt kennenlernst, sind eben nur Jungen, und sie können dich nicht richtig schätzen. Warte nur, bis du später zum College gehst. Wenn du älter bist, werden auch die richtigen Männer deinen Wert erkennen.' Sie meinte damit, daß junge Mädchen in meinem Alter nur Freunde hatten, weil sie alles mit sich geschehen ließen; wenn ich aber älter wäre, würden die Männer, die sich für mich interessierten und die ich gut fand, nicht nur auf Sex aus sein. Denen würde es auch auf anderes ankommen. Sie sagte mir das immer wieder. Wir sprachen eigentlich nie direkt über Sex; nur einmal, als wir darüber sprachen, daß ich nun bald zum College in eine andere Stadt gehen würde, sagte meine Mutter, daß Mädchen heute unberührt in die Ehe gehen sollten. Als ich wissen wollte, ob das gleiche auch für den Mann gilt, meinte sie: ‚Nein, der muß ja wissen, was er tut.' Das schockierte mich, denn sie war die Tochter eines Pastors, und Religion war immer sehr wichtig für sie gewesen. Mein Vater äußerte sich eigentlich nie direkt darüber, ob ich bis zur Ehe Jungfrau bleiben sollte oder nicht. Nur einmal, kurz bevor ich mein Elternhaus verließ, um woanders zu studieren, setzte er sich zu mir und sagte: ‚Ich liebe dich, was auch passiert. Du kannst mir immer alles erzählen, was du auch tust, und ich werde nie aufhören, dich liebzuhaben.'

Meine Eltern schienen nichts dagegen zu haben, wenn ich mit Jungen ausging und auch Zärtlichkeiten austauschte, obgleich nie darüber gesprochen wurde. Einmal kam ich mit einem dicken Knutschfleck nach Hause; meine Mutter machte sich nur darüber lustig, aber sie bestrafte mich nicht. Anders wäre es wahrscheinlich mit oralem Sex; ich glaube, sie fände das zu intim und sähe es auch als Zeichen dafür an, daß der Mann keinen Respekt mir gegenüber hätte. Das war ihr immer sehr wichtig: die Jungen sollten mich respektieren."

Und eine andere junge Frau meinte:

„Meine Mutter sagte zwar nie direkt, daß mir mein Körper nicht gehöre, so wie man es uns in der katholischen Schule beigebracht hatte; aber sie ließ keinen Zweifel daran, daß Sex vor der Ehe verboten sei und daß Mädchen, die Sex hatten, ohne verheiratet zu sein, Flittchen oder Schlampen seien. Selbst Küssen war in ihren Augen verkehrt, obgleich sie wußte, daß ich als junges Mädchen schon den einen oder anderen Jungen geküßt hatte. Wir hatten eigentlich nie ein vernünftiges Gespräch über Sex; sie sagte mir immer nur, daß es nicht richtig sei."

Eine junge Frau erzählt von den Verboten ihres Vaters:

„Ich kann mich nicht erinnern, daß meine Mutter mir jemals sagte, daß Sex vor der Ehe falsch sei, aber ich weiß noch gut, welche Einstellung mein Vater hatte. Zum Beispiel durfte ich nicht mehr zu den Schultänzen gehen, als ich 11 oder 12 Jahre alt war, denn ‚anständige' Mädchen gingen eben zu so etwas nicht. Er sagte: ‚Wenn du da hingehst, verlierst du deinen guten Ruf.'

Mit 9 und 10 hatte ich noch gehen dürfen, jetzt war es nicht mehr erlaubt. Als ich vorbrachte, daß schließlich die anderen Kinder in der Nachbarschaft auch hingehen durften, sagte er nur: ‚Es ist mir egal, was die anderen machen. Du bist ein anständiges Mädchen und bleibst zu Hause.' Ich versuchte ihn umzustimmen: ‚Ich bin auch ein anständiges Mädchen, und ich werde auch nichts tun.'

Er hat mir nie gesagt, was er mit ‚anständig' meinte, aber irgendwie wußte ich es auch so. Die ‚schlechten' Mädchen drückten sich in den Ecken mit den Jungen herum. Ich wußte zwar nicht so richtig, was da passierte, aber ich wußte, daß es nicht richtig war.

Als ich 13, 14 und 15 war, hieß es immer nur, ‚du bist doch mein kleines Mädchen, und du willst doch noch gar nicht mit Jungen ausgehen. Warte, bis du 16 bist.'"

Diese Berichte machen einen wichtigen Aspekt der moralischen Erziehung deutlich, der nicht nur widersinnig, sondern auch destruktiv für das Selbstverständnis einer jungen Frau ist und die Art und Weise beeinflußt, wie junge Männer Frauen einschätzen. Es handelt sich dabei um den „Madonna-Hure-Komplex". Wir erinnern uns an die jungen Männer, von denen Pater Corr sprach, die zum Teil zwar strenge traditionell-religiöse Wertvorstellungen hatten, aber alle versuchten, eine Frau ins Bett zu kriegen. Dennoch erwarteten sie von ihren zukünftigen Frauen, daß sie unberührt in die Ehe gingen. Wenn man einem jungen Mädchen sagt, „anständige Mädchen täten so etwas nicht", gibt man damit jungen Männern einen Freibrief in die Hand, alles zu versuchen, um herauszufinden, ob es sich hier wirklich um ein anständiges Mädchen handelt. Die „doppelte Moral" wird dadurch aufrechterhalten, da dies nicht gilt, wenn es um sexuelle Verhaltensweisen von Männern geht.

In einer Talkshow im Fernsehen ging es kürzlich um den Fall eines 14jährigen Jungen, der von seiner 37jährigen Lehrerin verführt worden war. Anfangs hielt es keiner der Zuschauer im Studio für angebracht, daß die Frau dafür mit Gefängnis bestraft werden sollte. Als der Talkshowmaster aber fragte, wie es denn wäre, wenn es sich um einen 37jährigen Lehrer und ein 14jähriges Mädchen gehandelt hätte, wurde sehr schnell deutlich, daß man dann mit Empörung reagiert hätte. Diese doppelte Moral ist jedoch eine Folge der widersprüchlichen moralischen Botschaften, die manchmal schon an Heuchelei grenzen und die wohlmeinende Eltern ihren Kindern übermitteln. Diese Eltern meinen es gut, gehen aber den falschen Weg.

Die Vorstellungen und Erwartungen, was ein anständiges Mädchen tut oder nicht tut, unterscheiden sich grundlegend davon, was einem jungen Mann erlaubt ist und können gewiß nicht als moralische Botschaft bezeichnet werden. Wenn das Mädchen älter ist, wird es herausfinden, daß es „anständige" Mädchen gibt, die sexuell aktiv sind und „schlechte" Mädchen, die sexuell nicht aktiv sind. Ein junges Mädchen kann ernsthafte Probleme mit seinem Selbstbild entwickeln, wenn es glaubt, es sei „schlecht" oder ein „Flittchen", nur weil es mit Sex experimentiert; nicht selten glaubt ein solches Mädchen, es sei nun schon alles egal, sie sei sowieso schon gezeichnet. Eine solche Einstellung hat aber nichts mit moralisch oder unmoralisch zu tun; sie ist nur die Folge eines elterlichen Verbots, das letztendlich doch nichts verhindern konnte. Wenn eine junge Frau (oder ein junger Mann) eine unmoralische Handlung begeht, ist nicht die Person selbst, sondern die Handlung unmoralisch; sie selbst kann immer noch ein wertvoller Mensch sein. Wenn aber ein Mensch nur wegen einer Handlung abgeurteilt wird, wird er sich wahrscheinlich selbst nicht mehr als wertvoll empfinden und meinen, für ihn lohne es sich nicht mehr, nach höheren Idealen zu streben. Auf Grund zahlreicher psychologischer Untersuchungen ist man zu dem Schluß gekommen, daß ein derartiges negatives „Abstempeln" einen Heranwachsenden höchstwahrscheinlich dazu veranlassen wird, sich seinem Ruf entsprechend zu verhalten. Wenn ein Vater seine Tochter als Hure bezeichnet, weil sie keine Jungfrau mehr ist, ist er wahrscheinlich dafür verantwortlich, wenn sie jetzt weiterhin wahllos sexuell aktiv ist. Sie ist schließlich schon „gezeichnet": was hat sie noch zu verlieren?

Manchmal ist eine moralische Botschaft in Begriffen verborgen, die ein junger Mensch nur schwer mit einem moralischen Wertesystem in Zusammenhang bringen kann. Jungfräulichkeit wird so sehr als Wert an sich betrachtet, daß sie von anderen Aspekten sexueller Moral vollkommen losgelöst scheint. Eine junge Frau aus der Karibik erzählte uns folgendes:

„In meiner Familie spricht man eigentlich nie darüber, ob Sex vor der Ehe richtig oder falsch ist. Es ist aber von Anfang an klar, wie wichtig die Hochzeit selbst ist. Meine Mutter sagt immer, wie schön es ist, wenn man im weißen Kleid vor den Altar treten kann. Für sie ist es wirklich wichtig, daß die Braut den weißen Schleier tragen darf, der sie als Jungfrau auszeichnet. Ich finde auch, daß es wunderschön ist, wenn man im weißen Kleid und weißem Brautschleier als Jungfrau an den Altar treten kann. Wenn man es aber nicht mehr kann, dann ist das meiner Meinung nach auch keine große Sache.

Ich weiß nicht genau, warum ich selbst in Weiß heiraten möchte; vielleicht, weil dann die ganze Feier besonders schön ist; vielleicht, weil die Kirche sagt, daß es so sein soll, vielleicht aber auch, weil es ein Liebesbeweis für den zukünftigen Ehemann ist. Mir hat man nie religiöse Gründe dafür gegeben, warum ich Jungfrau bleiben sollte; aber immer wieder habe ich gehört, daß kein Mann einen heiraten würde, wenn man schon Geschlechtsverkehr hatte. Die Kirche schreibt vor, daß man in einem weißen Kleid und Brautschleier getraut werden sollte, also als Jungfrau. Wenn man weiß trüge, obgleich man schon Sex hatte, würde Gott es wissen und man hätte gesündigt, weil man Gott anlügen würde. Alle Mädchen von den Inseln haben Angst, daß Gott sie strafen wird und ihnen der Schleier mitten in der Zeremonie vom Kopf fällt, wenn sie ohne Berechtigung in Weiß heiraten.

Ich war noch nie bei einer Hochzeit, bei der die Braut nicht in Weiß ging, und von manchen weiß ich, daß sie keine Jungfrauen mehr waren. Einige verzichteten auf den Brautschleier; sie hatten Angst, ihr Vater könnte ihnen vom Gesicht ablesen, daß sie keine Jungfrau mehr waren, wenn er im Rahmen der Zeremonie den Brautschleier hochhob. Um das zu vermeiden, verzichtete die junge Frau lieber darauf, einen Schleier zu tragen."

Spielen in diesem Fall moralische Überlegungen eine Rolle? Mit Sicherheit nicht. Die Enthaltsamkeit vor der Ehe ist zwar das, was Eltern und Kirche fordern; die Methode jedoch, um zu diesem Ergebnis zu gelangen, hat nichts mit moralischen Prinzipien zu tun, sondern nur damit, daß das Mädchen im weißen Kleid heiraten möchte. Der Preis dafür, Weiß tragen zu dürfen, ist die Enthaltsamkeit vor der Ehe. Das Prinzip der Keuschheit hat damit keinen ihm innewohnenden Wert. Das weiße Brautkleid ist der Maßstab, den die Gesellschaft anlegt, und keine moralische Haltung. Die Maßstäbe der Gesellschaft aber können sich schnell ändern; moralische Maßstäbe dagegen sollten für uns ein festes und bleibendes Gerüst für wichtige Entscheidungen in unserem Leben bilden. Unserer Meinung nach wäre es also viel sinnvoller, wenn unser junges Mädchen ihre Entscheidungen auf moralische Prinzipien gründen würde, anstatt sich danach zu richten, was die Nachbarn sagen.

Manche setzen sich mit der Moral des sexuellen Verhaltens Unverheirateter auf andere Weise auseinander; im folgenden Fall durch schlichtes Leugnen. Eine 21jährige Frau berichtet:

„Vor kurzem hat meine Mutter das erste Mal Stellung bezogen und behauptet, daß vorehelicher Sex Sünde sei. Ich fragte darauf: ‚Warum ist es Sünde?', doch sie meinte nur: ‚In der

Bibel steht, daß man es nicht tun soll.' Ich: ‚Was meinst du? Wo steht das denn?' Darauf konnte sie nichts mehr sagen.

Eines Tages räumte sie die Schubladen meiner älteren Schwester auf und fand ein Pessar. Sie regte sich furchtbar auf, aber meine Schwester sagte einfach, daß es ihrer Freundin gehöre, und meine Mutter glaubte ihr. Ich bin sicher, daß meine Mutter nicht glauben wollte, daß meine Schwester schon Geschlechtsverkehr hatte. Meine Mutter sagte aber meinem Vater nichts davon; der wäre in Ohnmacht gefallen.

Der Freund meiner Schwester lebt in einer anderen Stadt, und manchmal fährt meine Schwester ihn besuchen. Meine Mutter hat dann schon gefragt: ‚Wo schläfst du denn dann?' Und meine Schwester antwortet: ‚Der Mann, mit dem er sich die Wohnung teilt, ist nicht da; ich schlafe in dessen Zimmer.' Meine Mutter glaubt ihr. Es würde ihr sehr weh tun, wenn sie die Wahrheit wüßte; aber eigentlich will sie gar nichts wissen, damit sie sich nicht damit auseinandersetzen muß. Dann müßte sie nämlich glauben, daß sie in unserer Erziehung Fehler gemacht hat; also erzähle ich ihr nichts. Es ist mir sehr unangenehm, daß ich sie immer anlüge, ich finde es eigentlich unmoralisch, aber sie wäre so entsetzt, wenn sie Bescheid wüßte. Also erzählen wir ihr lieber gar nichts. In meinen Unterhaltungen mit ihr reden wir auch nicht viel über die Jungen, mit denen ich ausgehe; mit meiner Schwester habe ich aber viele Gespräche darüber. Ich glaube ganz ehrlich nicht, daß meine Mutter etwas wissen will. Sie fragt zwar hin und wieder mal: ‚Wen findest du denn besonders nett?' oder ‚Wo geht ihr denn hin?' und ähnliches, aber sie fragt nie, was ich mache. Sie würde mich auch nie über Sex fragen, höchstens: ‚Hat er dich geküßt?' Sie kann sich überhaupt nicht vorstellen, daß es bei mir weiter gehen könnte als küssen."

Widersprüchliche Botschaften erhält man manchmal auch von einer Seite, von der man sie am wenigsten erwarten würde. Ein junger Mann berichtet:

„Es wurde während der letzten beiden Jahre in der katholischen Schule deutlich, daß wir immer größere Schwierigkeiten hatten, das, was man uns in der Schule über Sex und

Moral lehrte und was wir wie Papageien nachplappern mußten, mit dem in Zusammenhang zu bringen, was uns unser eigener Verstand sagte. Der Abgrund wurde immer größer, das wurde immer offensichtlicher; überhaupt war das für mich das Schlimmste an der katholischen Erziehung, daß sie uns nicht erlaubte, auch auf diesem Gebiet selbständig zu denken. In allen anderen Fächern, Chemie, Biologie, Geschichte und Englisch hieß es immer nur, denkt, strengt euren Kopf an. Wenn es aber um den Religionsunterricht ging, in dessen Rahmen wir auch über Moral sprachen, hieß es plötzlich: ‚Da gibt es nichts zu denken!' Auch meine Freunde bemerkten diesen Widerspruch, und häufig hörte man: ‚Das ist doch Blödsinn. Sie sagen, ich soll alles in Frage stellen, nur das nicht?' Es war offensichtlich, daß ein großer Unterschied bestand zwischen dem, was man uns im Klassenzimmer über sexuelle Moral beibrachte und dem, was zum Thema Sex draußen im wirklichen Leben passierte.

Unsere Lehrer waren sich dessen wohl bewußt, unterrichteten aber das, was von ihnen verlangt wurde. Wenn man einige dieser jungen Lehrer nach zwei oder drei Schuljahren besser kennengelernt hatte, ging man in der Schule zwar weiterhin formell miteinander um, aber außerhalb haben wir uns nicht selten geduzt. Hinzu kam, daß diese Lehrer noch sehr jung waren und sich häufig besser mit uns identifizieren konnten als mit dem streng disziplinierten Priester, der sie einmal sein würden. Sie hatten das Keuschheitsgelübde noch nicht abgelegt und vertraten deshalb auch eine andere Einstellung Frauen gegenüber. Wenn sie ihren Priesterkragen abgelegt hatten, waren sie von ihren Schülern kaum zu unterscheiden. Und wir wußten auch, daß manche von ihnen durchaus an Mädchen interessiert waren."

Häufig erfolgt die Kommunikation über Maßstäbe und Wertvorstellungen im Hinblick auf sexuelle Verhaltensweisen durch Schweigen. Eine junge Frau berichtet folgendes:

„In Kirche und Bibelstunde wurde moralisches Verhalten betont. Ich kann mich aber nicht daran erinnern, jemals etwas über Moral und Unmoral von Sexualverhalten erfahren zu haben. Ehe war gut und positiv; über Ehebruch und Unzucht wurde nicht gesprochen.

Wenn wir Geschichten aus der Bibel durchnahmen, wurden die darin vorkommenden sexuellen Assoziationen mit keinem Wort erwähnt. WASPs (weiße angelsächsische Protestanten) sprechen eben nicht gern über Sex. Es stimmt, sie mögen das Wort nicht einmal in den Mund nehmen! Man kann ahnen, daß etwas verboten ist, wenn nämlich darüber geschwiegen wird, so, als ob es gar nicht existierte.

Moralische Werte von Sexualverhalten sollten den Kindern von ihren Eltern beigebracht werden, aber viele Eltern kehren diese Probleme unter den Teppich. Die Kirche hilft ihnen auch nicht; sie lehrt nichts über Sexualität oder sexuelle Moral. Niemand fragt, wie Eltern etwas darüber erfahren können, denn es ist jedem einfach zu peinlich, dieses Thema anzusprechen."

Eine junge Frau erzählte von ihrer Mutter, die mit ihr niemals über vorehelichen Geschlechtsverkehr gesprochen hatte:

„In meinem letzten Jahr auf der Oberschule ging meine beste Freundin schon in einer anderen Stadt zum College. Sie lebte dort in einem Studentenwohnheim. Vor ihrer Abreise waren sie und ihre Eltern noch einmal zu uns zu Besuch gekommen. Ich wußte, daß meine Eltern es nicht mochten, wenn ich woanders als zu Hause übernachtete. Ich nutzte also die Gelegenheit und fragte sie im Beisein meiner Freundin und ihrer Eltern, ob ich meine Freundin nach Semesterbeginn manchmal besuchen und bei ihr im Zimmer übernachten dürfte. Wenn meine Eltern es verboten hätten, hätte es auch für die anderen Eltern so ausgesehen, als ob sie mir und ihrer Tochter nicht vertrauten. Also sagten sie ja.

Bald nach Semesterbeginn bat ich meine Eltern um Erlaubnis, ein Wochenende bei meiner Freundin zu verbringen. Sie sträubten sich anfangs, aber ich erinnerte sie daran, daß sie es mir schon erlaubt hätten. Ich besuchte meine Freundin im ganzen drei- oder viermal. Jedesmal passierte das gleiche: ich wollte am Freitag fahren und schon am Montag vorher war deutlich, daß meine Mutter auf mich böse war. Sie sprach dann kaum mit mir, war kalt, kurz angebunden und sehr streng. Nach meiner Rückkehr benahm sie sich dann noch drei oder vier Tage so, dann wurde sie wieder gelöster und normal.

Ich verstand das ganze nicht so recht, bis es vor drei oder vier Jahren einmal herauskam. Zu der Zeit war ich schon nach Florida gezogen und war nur zu Besuch zu Hause. Die ganze Familie hatte sich zu einem Picknick getroffen, Wein und Bier wurden getrunken, und meine Mutter war ein bißchen beschwipst. Da kam es plötzlich aus ihr heraus, warum sie immer so böse auf mich gewesen war. Sie hatte Angst gehabt, ich könnte an diesen Wochenenden mit jemandem schlafen und womöglich schwanger werden. Sie konnte mit mir aber nicht über ihre Ängste sprechen, sondern nur wütend werden."

Diese Mutter war der Überzeugung, daß es das beste für ihre Tochter sei, jungfräulich in die Ehe zu gehen. Sie machte sich große Sorgen, brachte es aber nicht fertig, mit dem Mädchen über ihre Bedenken zu sprechen. Statt dessen schwieg sie.

Eltern versuchen, den Problemen mit strengen Regeln, Warnungen, Verboten oder auch durch bloßes Schweigen zu begegnen, statt mit ihren Kindern über Moral, Ethik und Wertvorstellungen zum Thema „Sex ohne Trauschein" zu sprechen. Gerade dadurch bringen sie ihre Kinder häufig in Situationen, vor denen sie sie bewahren wollten. Statt ihren Kindern feste, moralisch begründete Maßstäbe für sexuelle Verhaltensweisen zu vermitteln, stellen Eltern häufig sinnlose Regeln auf oder vermeiden das Thema ganz. Die Folge ist, daß die meisten jungen Leute keine moralische Grundlage für ihr sexuelles Handeln haben und sich nicht wirklich im klaren sind, was das für sie bedeutet. Also experimentieren sie, sie suchen Antworten, sie widersetzen sich und allzu oft werden auf diese Weise dann ungewollt Kinder gezeugt.

Anstelle klarer moralischer Richtlinien werden den Jugendlichen nur Scheinheiligkeit, doppelte Moral, Autoritätsansprüche, Altweibermärchen, das große Schweigen oder frauenfeindliche Klischees geboten. Über die Folgen braucht man sich dann wirklich nicht zu wundern.

Anmerkungen

1 Bullough, Vern L.: Sexual Variance in Society and History. Chicago 1976, S. 52
2 Murstein, Bernard I.: Love, Sex, and Marriage Through the Ages. New York 1974, S. 41f.
3 Bullough, Sexual Variance, a. a. O., S. 194
4 Murstein, Love, a. a. O., S. 195f.
5 Ebd., S. 318
6 Ebd., S. 319
7 Ebd. Vgl. auch Bell, Robert B.: Premartial Sex in a Changing Society. Engelwood Cliffs, N.J. 1966
8 Kinsey, Alfred u. a.: Sexual Behavior in the Human Female. Philadelphia 1953. Wiederabgedruckt in: Schur, Edwin (Hrsg.): The Family and the Sexual Revolution. Bloomington 1964, S. 23 (dt. Übers.: Das sexuelle Verhalten der Frau. Berlin – Frankfurt/M. 1963)
9 Reiss, Ira L.: „Changing Sociosexual Mores". In: Handbook of Sexology, hrsg. von J. Money und H. Musaph. New York 1977, S. 313
10 Kinsey u. a., Sexual Behavior, a. a. O., S. 23
11 Nelson, James B.: Between Two Gardens. Reflections on Sexuality and Religious Experience. New York 1983, S. 60
12 Vgl. Reiss, Ira L.: Premartial Sexual Standards in America. New York 1960, S. 251

Moral und Gesellschaft

In diesem Kapitel werden wir uns in erster Linie auf den Konflikt konzentrieren, der zwischen der traditionellen religiösen Moral und der Gesellschaft von heute besteht. Viele Religionen sind inzwischen von ihren strengen „legalistischen“ Maßstäben abgekommen und versuchen, sich den komplexen Veränderungen der modernen Industriegesellschaft anzupassen. Diese Veränderungen sind nicht immer befreiend; manchmal können sie recht verwirrend sein. Deshalb ist es wichtig, daß Eltern, Schulen und Religionen Form und Inhalt dessen, was sie jungen Leuten vermitteln wollen, so auswählen, daß diese Veränderungen verständlich werden, anstatt den jungen Menschen noch mehr zu verwirren. Nur dann können diese abgewandelten moralischen Maßstäbe zur Grundlage für wichtige Entscheidungen werden.

Im letzten Kapitel sprachen wir davon, daß das Zweite Vatikanische Konzil die Diskussion über sexuelle Moral sowie über andere Aspekte moralischen Verhaltens überhaupt erst zugelassen hat. Diese Diskussion ist bis heute nicht abgeschlossen. Ähnliche Debatten über moralische Maßstäbe und ihre Gültigkeit in der heutigen Zeit finden auch in anderen religiösen Gemeinschaften statt.

Nach Meinung des Theologieprofessors James B. Nelson wurde die Debatte unter den Katholiken besonders stark durch das Buch *Human Sexuality: New Directions in American Catholic Thought* beeinflußt.[1]

Nelson faßt im folgenden zusammen, wie hier die neue Philosophie des Konzils in bezug auf sexuelle Moral interpretiert wurde:

„Im Mittelpunkt steht jetzt ganz eindeutig der Mensch selbst und seine ‚kreative Entwicklung zur integrierten Persönlichkeit'. Im Hinblick auf das menschliche Sexualverhalten werden sieben Punkte als besonders wichtig erachtet, die eine solche Entwicklung und Integration ermöglichen: Die Art und Weise, in der sich der Mensch sexuell ausdrückt, soll befreiend für das Selbst, bereichernd für den anderen, ehrlich, treu, sozial verantwortlich, lebensbejahend und freudig sein. Diese Werte beziehen sich alle auf ‚das Gesetz der Liebe' aus dem Evangelium."[2]

Das bedeutet natürlich nicht, daß nun jede Art von Sexualverhalten akzeptiert werden muß. Die Theologen, die dieses Buch geschrieben haben, sind der Meinung, daß ein bestimmtes Sexualverhalten nicht an sich schon unmoralisch ist, sondern generell nach obigen Kriterien beurteilt werden muß; die ideale Situation für heterosexuelles Verhalten sei aber immer noch der Eheverband. Nelson berichtet, daß diese Ansichten

„kritisiert worden sind, weil das Beurteilungskriterium ‚kreative Entwicklung zur integrierten Persönlichkeit' inklusive der sieben angegebenen Punkte, die bei der Beurteilung von Sexualverhalten berücksichtigt werden müssen, zu allgemein gehalten sei; man könne danach jede menschliche Handlung beurteilen, es sei nicht spezifisch genug auf den Bereich der Sexualität bezogen."[3]

Kritiker haben darauf hingewiesen, daß die liberale Interpretation der Aussagen des Zweiten Vatikanischen Konzils es ermöglicht, nahezu jede sexuelle Handlung für moralisch zu erklären, solange dabei niemandem Schaden zugefügt wird. Verteidiger hielten dagegen, daß es unrealistisch sei, die Umstände, unter denen eine sexuelle Handlung stattfindet, zu ignorieren, wenn über Moral oder Unmoral dieses Verhaltens geurteilt werden soll. Wir sind keine Theologen und betrachten diese Kontroverse von einem etwas anderen Standpunkt: unserer Meinung nach haben beide Seiten recht. Das Problem ist vermutlich folgendes: Lassen sich moralische Richtlinien überhaupt anwenden, wenn es keine legalistischen, unveränderlichen Definitionen mehr gibt? Dieses Problem ist nicht neu, es existiert auch nicht erst seit dem Zweiten Vatikanischen Konzil und gilt auch nicht nur für Katholiken. Protestanten befinden sich in einem ähnlichen Dilemma. Nelson schreibt dazu:

„Bei dem Versuch, die Haltung der protestantischen Kirche zur Sexualität zu ergründen, ergibt sich ein faszinierendes, wenn auch verwirrendes Bild. Schon der jüdische und der römisch-katholische Glaube kennen traditionell verschiedene Einstellungen und Gewichtungen. Im Protestantismus aber ist diese Vielfalt noch um ein Mehrfaches vergrößert. Da es innerhalb der protestantischen Kirche so viele Glaubensrichtungen gibt, die den Einflüssen der modernen Gesellschaft verschieden stark ausgesetzt sind, so viele unterschiedliche Interpretationen der Bibel, und da außerdem die zentrale Autorität einer gemeinsamen kirchlichen Lehre fehlt, ist es weitaus schwieriger, die protestantische Position zu Fragen des menschlichen Sexualverhaltens herauszufinden als die anderer größerer Glaubensrichtungen."[4]

Bei dem Versuch, eine sexuelle Ethik des Protestantismus zu definieren, kommt Nelson zu dem Ergebnis, daß es wahrscheinlich unrealistisch ist, absolute Regeln für jede Situation finden zu wollen; Regeln, die auf biblische Zeiten zurückgehen, können sicherlich nicht für alle Situationen gelten, mit denen der Mensch konfrontiert wird. Nelson meint, daß „das Mittel gegen den Legalismus eine ethische Haltung (ist), in der es vor allen Dingen auf die *Liebe* ankommt, die sich also nicht nach exakt spezifizierten, absoluten Anordnungen richtet."[5] Der Liebe kommt in Nelsons Methodik der sexuellen Entscheidungen ein zentraler Stellenwert zu, genauso wie „das Gesetz der Liebe" des Evangeliums nach Auffassung mancher katholischer Theologen den Werten zugrunde liegt, durch die bestimmte sexuelle Handlungen sinnvoll und richtig werden.

Wir haben mit Professor Nelson korrespondiert, um einige Punkte zu klären, die mit der komplexen Beziehung zwischen Liebe und Sexualverhalten zu tun haben. Er schreibt:

„Gott hat uns die Sexualität gegeben, nicht nur, um unsere Art fortzupflanzen, sondern mehr noch, um uns aus unserer Einsamkeit zu befreien und in Verbindung mit anderen Menschen zu treten. ‚Eros' (die Liebe, bei der es um die Erfüllung des eigenen sinnlichen Verlangens geht) ist ebenso wichtig wie ‚Agape' (die selbstlose, nicht-sinnliche Liebe). Das bedeutet, daß eine gesunde Selbst-Liebe (die nichts mit Selbstsucht und Egoismus zu tun hat) notwendig ist, damit wir uns dem anderen liebevoll hingeben können. Eine Liebe, die sich in verantwortungsvoller Sexualität ausdrückt, ist demnach selbstbejahend, um das Wohlergehen des anderen bemüht, ehrlich, treu und lebensbejahend."[6]

Während die strengen Regeln, die das Sexualverhalten in der Vergangenheit bestimmten, einfach und verständlich, wenn auch nicht immer konsequent und human waren, werden durch die Flexibilität des Nelsonschen Konzepts die Verhaltensrichtlinien immer komplexer und sind damit weniger eindeutig zu definieren und anzuwenden. Nelsons Vorstellungen basieren auf dem Konzept der christlichen Liebe und auf grundsätzlichen Moralprinzipien der Bibel; gleichzeitig berücksichtigt er aber auch die Auswirkungen des streng „legalistischen" Ansatzes sowie die Tatsache, daß ein solcher Ansatz offensichtlich von der modernen Gesellschaft *abgelehnt* wird.[7] Wir sind davon überzeugt, daß es viele Geistliche und auch Eltern gibt, die befürchten, daß ein Fehlen strenger, präzise definierter Regeln ein „Vakuum sexueller Normen" zur Folge haben könnte. Dieser Konflikt zwischen Legalismus, also streng festgelegten Regeln, und einer Normenlosigkeit bei Verhaltensweisen, die im engen und weiteren Sinn als sexuell zu bezeichnen sind, ist ein fundamentales Problem, mit dem sich heute beinahe alle Religionen und Konfessionen auseinandersetzen müssen. Joseph Fletcher, Dekan an der St. Pauls Kathedrale in Cincinnati und Professor für Soziale Ethik an der Episcopal Theology School in Cambridge, Massachusetts, umriß dieses Problem schon vor mehr als zwei Jahrzehnten wie folgt:

„Es gibt grundsätzlich nur drei Ansatzweisen, nach denen moralische Entscheidungen getroffen werden können: den Legalismus, den Antinomismus, das heißt ein Vorgehen ohne Vorschriften oder Prinzipien, und ein Vorgehen, das sich aus der jeweiligen Situation ergibt. Bei der Entwicklung westlicher Moralvorstellungen haben diese drei Ansatzweisen eine Rolle gespielt, wobei der legalistische Ansatz am weitesten verbreitet war und die längste Zeit andauerte."[8]

Fletcher definiert „Legalismus" als Moralanspruch, der „sich nicht nur auf das sinngemäße, sondern auch auf das buchstäbliche Befolgen der Gesetze gründet. Die Prinzipien dieser Gesetze, als feste Regeln niedergelegt, dürfen nicht als Richtlinien oder Leitsätze verstanden werden, die einem in bestimmten Situationen helfen können, sondern es sind Anweisungen, denen man folgen *muß*. Antworten und Lösungen von Problemen sind festgelegt ..."[9] Es läßt sich mit anderen Worten einwandfrei feststellen, ob eine Handlung moralisch oder unmoralisch ist. Viele junge Leute glauben, die Haltung ihrer Religion zur Sexualität sei auf diese Weise von vornherein „festgelegt". Ob dieser Eindruck der Wahrheit entspricht oder nicht, ist weniger wichtig als die Tatsache, daß er überhaupt besteht. In unseren Gesprächen wurde deutlich, daß die jungen Leute diese angenommene Haltung ihrer Religion zu Sex als so repressiv empfanden, daß sie lieber selbst über Moral und Unmoral entscheiden wollten.

Antinomismus wird von Fletcher als totaler Gegensatz zum Legalismus definiert:

„Ein Mensch mit einer solchen Einstellung trifft Entscheidungen, die auf keinerlei Prinzipien oder Maximen, geschweige denn Regeln beruhen. In jedem ‚existentiellen Augenblick' oder je nach den ‚einmaligen' bestehenden Verhältnissen, verläßt er sich darauf, daß die momentanen Umstände selbst die ethische Lösung bringen."[10]

Auch wir glauben, daß Teenager ebenso wie ihre älteren Geschwister und sogar die Eltern häufig in bezug auf sexuelle Verhaltensweisen die falschen Entscheidungen treffen, eben weil sie mit einer antinomistischen Einstellung daran gehen, das heißt, weil ihnen ein moralischer Kodex fehlt, mit dessen Hilfe sie die momentanen Umstände beurteilen könnten. Offensichtlich stehen dem jungen Menschen, der die angebliche Repression religiöser Regeln ablehnt, für eine schwierige Entscheidung nur noch sehr wenige moralische Richtlinien zur

Verfügung, so daß er sich einer Art informellen Antinomismus zuwendet.

Fletcher glaubt, daß wir dem zunehmenden Antinomismus in unserer Gesellschaft nur durch die sogenannte Situations-Ethik begegnen können, einer Haltung, bei der „der einzelne für jede Situation, die eine moralische Entscheidung verlangt, die ethischen Maximen seiner Umgebung und ihrer Traditionen zur Verfügung hat, die er respektiert und zur Erhellung seiner Probleme verwendet"; diese Situations-Ethik ist allerdings in Verbindung mit der biblischen Aufforderung zu lieben zu sehen.[11]

Situations-Ethik sieht eine bestimmte Methodik für moralische Entscheidungen vor, die sich in sechs Thesen zusammenfassen läßt:

1. Nur eine „Sache" ist schon an sich gut, die Liebe, sonst nichts.
2. Christliche Entscheidungen werden nur nach einem Maßstab gefällt, der Liebe, sonst nichts.
3. Liebe und Gerechtigkeit sind ein und dasselbe, denn Gerechtigkeit ist ausgeteilte Liebe, sonst nichts.
4. Liebe ist dafür verantwortlich, daß wir das Gute für den Nächsten wollen, gleichgültig, ob wir ihn schätzen oder nicht.
5. Nur der Zweck heiligt die Mittel, sonst nichts.
6. Entscheidungen aus Liebe entsprechen der jeweiligen Situation und sind nicht vorgeschrieben.[12]

Fletcher erläutert jede dieser Thesen und macht Vorschläge, wie mit Hilfe von vier Faktoren (Ziel, Mittel, Motive und Konsequenzen) problematische Situationen analysiert werden können. Dem Leser wird auf diese Weise der Eindruck vermittelt, moralische Probleme seien auch in einer Welt, die sich laufend verändert, lösbar. Der Ansatz scheint Menschen Hilfen an die Hand zu geben, in einer Situation moralisch denken und entscheiden zu können, an die sich kein Maßstab von Recht und Unrecht anlegen läßt. Am Beispiel einer Episode, die er „Ehebruch als Opfer" nennt, versucht Fletcher, den Leser zum moralischen Denken anzuregen:

„Als die russische Armee im Zweiten Weltkrieg immer weiter nach Westen vorrückte, nahm eine sowjetische Patrouille eine Frau Bergmeier fest, die unterwegs war, um Nahrung für ihre drei Kinder zu finden. Ohne eigentlichen Grund wurde sie in ein Gefangenenlager in der Ukraine gebracht. Ihr Mann war von den westlichen Alliierten gefangengenommen und in Wales interniert worden.

Nach seiner Entlassung ging er nach Berlin und fand seine Kinder, die damals 10, 12 und 15 Jahre alt waren. Von der Mutter fehlte jede Spur, aber sie gaben die Suche nicht auf. In der Nachkriegszeit, in der Hunger, Chaos und Angst herrschten, wurde die Mutter stärker als alles andere gebraucht, um die Familie zusammenzuhalten.

Inzwischen hatte Frau Bergmeier in der Ukraine erfahren, daß ihr Mann und ihre Kinder einander gefunden hatten und verzweifelt nach ihr suchten. Eine Entlassung war für sie aber nur aus zwei Gründen möglich: 1. aufgrund einer Krankheit, die im Lager nicht behandelt werden konnte – in einem solchen Fall würde sie in ein Krankenhaus in der Sowjetunion verlegt werden; 2. aufgrund von Schwangerschaft – dann würde man sich nach Deutschland abschieben.

Nach vielen inneren Kämpfen entschied sie sich schließlich für die zweite Lösung. Sie bat einen freundlichen Wachtposten, sie zu schwängern, was auch geschah. Als ihr Zustand medizinisch bestätigt worden war, wurde sie nach Berlin zurückgeschickt. Ihre Familie nahm sie mit offenen Armen auf, auch als sie gestand, wie sie ihre Entlassung bewirkt hatte. Das Baby wurde von allen geliebt, und nach der Taufe bat das Paar den Pastor um ein Gespräch. Sie wollten wissen, ob sie mit Recht das Gefühl hatten, moralisch richtig gehandelt zu haben. Sollten sie dem Wachtposten dankbar sein? Hatte Frau Bergmeier richtig gehandelt?"[13]

Je länger wir über diesen Fall nachdenken, desto deutlicher wird, wie wichtig es ist, ihn an Fletchers vier Faktoren zu messen (Ziel, Mittel, Motive und Konsequenzen), bevor wir ein moralisches Urteil fällen. Würden mehr Menschen solche Überlegungen anstellen, wären falsche und destruktive Entscheidungen auf dem Gebiet der Sexualität dann nicht seltener?

Innerhalb der großen Religionen gibt es verschiedentlich Versuche, eine Ethik zu entwickeln, die die Situation oder die Umstände, unter denen etwas stattfindet, berücksichtigt.

Die Kritiker solcher Bestrebungen machen dagegen geltend, daß Religion und Situations-Ethik unvereinbar seien. Sie lehnen Situations-Ethik als Methodik ab. Dabei verwechseln sie vermutlich die Situations-Ethik als Bestandteil einer religiösen Überzeugung mit einer antinomistischen Haltung, die keiner religiösen Untermauerung bedarf.

Wir wollen hier sexuelle Ethik und Kriterien für moralisches Verhalten, nicht gegeneinander abwägen und beurteilen. Wichtig ist, daß deutlich wird, inwiefern der moralische Kodex bei Entscheidungen eine Rolle spielt und für bestimmte Verhaltensweisen verantwortlich ist. Wo strenge legalistische Vorschriften fehlen, muß dem Menschen eine Methodik zur Verfügung stehen, die ihm hilft, moralische Entscheidungen verantwortungsbewußt zu treffen.

Auch wenn ein Mensch keiner Religion angehört, braucht er eine moralische Grundlage für seine Entscheidungen. In diesem Fall stellt sich jedoch die Frage, wie ihm Maßstäbe für ein verantwortliches Sexualverhalten vermittelt werden können. Oder sind moralische Überlegungen so kompliziert geworden, daß es dem jungen Menschen heute unmöglich ist, vernünftige Entscheidungen in bezug auf seine Sexualität zu treffen?

Wir sind nicht dieser Meinung. Sozialwissenschaftlichen Veröffentlichungen können wir entnehmen, daß heute schon viel darüber bekannt ist, wie Kinder lernen, moralische Überlegungen anzustellen und danach ihre Entscheidungen zu treffen. In diesem Zusammenhang ist besonders an die Arbeiten von Lawrence Kohlberg über die moralische Entwicklung und Denkweise von Kindern zu erinnern.[14] Obwohl wir wissen, wie eine moralische Betrachtungsweise aussehen sollte, verwenden wir selten die richtigen didaktischen Methoden, wenn es um die Vermittlung dieser Betrachtungsweise in der Schule, der Kirchengemeinde oder zu Hause geht.

Unserer Meinung nach hat Paul Moore, Bischof der Episkopalkirche von New York, recht, wenn er sagt:

„Ich glaube, daß wir versuchen sollten, Kinder davon zu überzeugen, daß Fragen sexuellen Verhaltens nach denselben moralischen Maßstäben gemessen werden sollten wie andere Handlungen in ihrem Leben auch: Tu ich dem anderen Menschen damit weh? Nutze ich ihn aus? Bin ich ehrlich mit ihm? Befolge ich das Gebot, meinen Nächsten zu lieben, das heißt, ist das, was ich vorhabe, mit Liebe getan? Diese Fragen sind grundlegend für sämtliche Aspekte moralischen Verhaltens."

Anmerkungen

1 Kosnick, Anthony u.a.: Human Sexuality. New Directions in American Catholic Thought. Paramus, N.J. 1976
2 Nelson, James B.: Between Two Gardens. Reflections on Sexuality and Religious Experience. New York 1983, S. 60f.
3 Ebd., S. 61
4 Ebd., S. 65
5 Ebd., S. 81
6 Nelson, James B. Private Mitteilung vom 14. Dezember 1987
7 Nelson, Between Two Gardens, a.a.O., S. 81
8 Fletcher, Joseph: Situation Ethics. The New Morality. Philadelphia 1966, S. 17 (dt. Übers.: Moral ohne Normen? Gütersloh 1967)
9 Ebd., S. 18
10 Ebd., S. 22
11 Ebd., S. 26
12 Ebd., S. 57, 69, 87, 103, 120, 134
13 Ebd., S. 164f.
14 Vgl. Kohlberg, Lawrence: Stages in the Development of Moral Thought and Action. New York 1969. Vgl. auch Goslin, David A. (Hrsg.): Handbook of Socialization Theory and Research. Chicago 1969

Ehebruch

Als US-Präsident Jimmy Carter im November 1976 in einem Playboy-Interview eingestand, er verspüre manchmal Lustgefühle, die nichts mit seiner Frau zu tun hätten, denen er aber nie nachgegeben habe, wird er einige schockiert haben. Denn viele Männer und Frauen denken, daß irgend etwas nicht in Ordnung sein kann, wenn selbst ein liebevoller und treuer Ehepartner Lustgefühle für eine andere Person als den eigenen Partner empfindet oder sich vorstellt, wie Sex mit einer anderen Person sein könnte. Ein solches Bekenntnis sollte jedoch niemanden wundern, denn schon unser gesunder Menschenverstand sagt uns, daß sexuelles Begehren durch ein Ehegelübde nicht abgestellt wird; andernfalls würden auch die sexuellen Gefühle für den Ehepartner verschwinden. Auch ist es ja nicht so, daß durch diesen Schwur Hormone und Nervensystem so beeinflußt werden, daß man sich nur noch von seinem Ehepartner angezogen fühlt. Erotische Vorstellungen von einem anderen Menschen sollten uns nicht beunruhigen oder gar fürchten lassen, nun auch entsprechend handeln zu müssen. Die meisten von uns können sich beherrschen und leben solche Gedanken und Gefühle nicht aus. Dennoch gibt es immer wieder Menschen, die ihre sexuellen Gefühle anderen gegenüber nicht beherrschen wollen oder können und dementsprechend handeln.

Nach biblischem jüdischem Recht galt als Ehebruch nur der Geschlechtsverkehr einer verheirateten Frau mit einem Mann, der nicht ihr Ehemann war, oder der Geschlechtsverkehr eines Mannes mit der Frau eines anderen. Ein verheirateter Mann, der seine Frau mit einer unverheirateten Frau betrog, beging dagegen keinen Ehebruch.[1]

Ein ähnlicher doppelter Maßstab wurde im antiken Griechenland und im Römischen Reich angelegt und zwar bis zur Zeit der ersten Christen. Erst dann wurden Mann und Frau für Ehebruch gleichermaßen bestraft. Allerdings, so der Psychologe Bernard Murstein, geschah das nicht, um ein Unrecht, das den Frauen angetan worden war, aufzuheben, sondern um Männer und Frauen in ihren sexuellen Aktivitäten einzuschränken.[2] Obgleich nach diesem Gesetz theoretisch Mann und Frau für das gleiche Vergehen gleich bestraft werden sollten, sah es in der Praxis ganz anders aus: Die Kirche legte den betrogenen Ehefrauen zwar nahe, ihrem Mann zu verzeihen, eine Ehebrecherin konnte jedoch mit wenig Verständnis rechnen und wurde nicht selten von ihrem Mann aus dem Haus verbannt.[3]

Jahrhunderte vergingen, in denen sich Großzügigkeit und Strenge abwechselten; im 17. Jahrhundert zum Beispiel hatte man zum Ehebruch eine eher liberale Einstellung. William Blackstone, der wichtigste Rechtsgelehrte seiner Zeit in England, erklärte dazu: „Die weltlichen Gerichte betrachten Ehebruch nicht als Verbrechen, sondern als eine private Angelegenheit."[4] Der Historiker Vern Bullough schreibt:

„Wenn man die Geschichte der Königshäuser von der zweiten Hälfte des 17. Jahrhunderts bis gegen Ende des 18. Jahrhunderts betrachtet, entsteht der Eindruck, als ob Mätressen zur

Stellung des Herrschers gehörten. Heinrich der Vierte hatte angeblich 56 Mätressen. Die berühmteste Mätresse dieser Zeit war Madame de Pompadour, die Geliebte Ludwigs XIV."[5]

Unter den europäischen Adeligen dieser Zeit war es ein offenes Geheimnis, daß viele Frauen zwei Männer hatten, einen Ehemann und einen für Sex; Partnertausch unter Ehepaaren wurde in Frankreich zunehmend populärer.[6]

In den amerikanischen Kolonien war der Einfluß des Puritanismus sehr stark. Die Puritaner gehörten keiner bestimmten Religion an, sondern verschiedenen protestantischen Konfessionen, hauptsächlich Presbyterianern, Kongregationalisten, Quäkern und anderen, die mit manchen Aspekten der traditionellen Kirchen nicht einverstanden waren. Dazu gehörte vor allem die sexuelle Moral.

Ehebruch wurde besonders scharf geahndet und in manchen puritanischen Kolonien mit dem Tod bestraft, genauso wie Vergewaltigung, Analverkehr und Sodomie.[7] Allmählich wurden diese strengen Strafen durch Maßnahmen öffentlicher Erniedrigung ersetzt: durch Auspeitschen, Brandmarken und den berüchtigten „roten Buchstaben A", später auch durch Geld- oder kurze Gefängnisstrafen. Dennoch haben auch damals schon berühmte Amerikaner Ehebruch begangen, ohne daß ihr Ruf sehr darunter gelitten hätte, wie zum Beispiel Benjamin Franklin, Thomas Jefferson und Alexander Hamilton.[8]

Während des 19. und 20. Jahrhunderts wurde auf die gesetzliche Bestrafung von Ehebruch immer weniger Wert gelegt, und Mitte des 20. Jahrhunderts war Ehebruch nurmehr ein Scheidungsgrund. Das hatte aber nichts damit zu tun, daß etwa die Häufigkeit von Ehebruch abgenommen hätte. Im Gegenteil. Die von Kinsey durchgeführte Erhebung zeigte eine außerordentlich hohe Ehebruchrate:

„Auf Grund der gesammelten Daten und unter Berücksichtigung einer gewissen Dunkelziffer kann man mit einiger Sicherheit sagen, daß die Hälfte aller Männer im Verlauf ihrer Ehe irgendwann einmal Ehebruch begehen.[9]

Im Alter von 40 hatten 26 Prozent aller verheirateten Frauen mindestens einmal ihren Mann betrogen.[10]"

Würde dieselbe Untersuchung heute durchgeführt, ergäbe sich wahrscheinlich ein noch höherer Prozentsatz.

In den späten 60er Jahren, während der sogenannten sexuellen Revolution, trat Ehebruch in einer besonderen Form auf: dem Partnertausch. Dieser Trend propagierte die „offene Ehe" und den Partnertausch als akzeptierte Abwechslung im Ehealltag. Man war sogar der Meinung, daß einige Ehen davon ausgesprochen profitieren würden, und das, ohne die traditionellen Moralmaßstäbe zu übertreten. Was früher heimlich geschehen mußte und immer eine Bedrohung für die Ehe dargestellt hatte, nämlich der Geschlechtsverkehr mit einem anderen als dem Ehe-Partner, war jetzt erlaubt und sogar zu rechtfertigen.

Aus heutiger Sicht gewinnen wir den Eindruck, daß diese Jahre nicht unbedingt als Zeit der „sexuellen Revolution" bezeichnet werden können. Sicher hatten mehr junge unverheiratete Menschen sexuelle Beziehungen als in der Zeit davor und manche Paare vertraten nun in aller Öffentlichkeit, was sie früher schon heimlich getan hatten, nämlich Partnertausch; Frauen äußerten in öffentlichen Diskussionen das, was sie früher nur mit Unbehagen ausgesprochen hatten, nämlich den Wunsch nach Orgasmus und Erfüllung beim Geschlechtsverkehr. All das kann man wohl nicht unbedingt als revolutionär bezeichnen. Eher wurde darin ein Trend deutlich.

Wir glauben, daß die wirklich „radikalen" sexuellen Veränderungen nicht auf dem Gebiet des Sexualverhaltens stattgefunden haben, sondern vielmehr auf dem Gebiet der sexuellen Semantik. Viele sexuelle Aktivitäten, die die Menschen schon seit jeher ausgeübt hatten, wurden jetzt als legitim und akzeptabel bezeichnet, anstatt wie bisher als schmutzig, schlecht, unmoralisch und pervers angesehen zu werden. Wenn diesem Zeitabschnitt eine besondere Bedeutung zukommt, dann die, daß in ihm der grundsätzliche Wunsch der Menschen deutlich wurde, die Art und Weise, wie sie Liebe und körperliches Verlangen ausdrückten, nicht mehr als unmoralisch abzuklassifizieren. Der übermächtige Moralanspruch, der jeglichen sexuellen Ausdruck außerhalb der traditionellen, heterosexuellen, monogamen ehelichen Beziehung verdammte, wurde in Frage gestellt. Wir sind wie gesagt nicht der Meinung, daß sich das sexuelle Verhalten einschneidend geändert hatte; viele Menschen waren es aber leid, ständig mit Schuldgefühlen herumzulaufen, nur weil ihr Sexualverhalten und ihre sexuellen Gefühle nicht in den offiziell akzeptierten Rahmen paßten.

Wir sind davon überzeugt, daß die gleichen Umstände, die diese „erotische Revolution"[11] auslösten, auch heute noch bestehen und daß die Menschen noch das gleiche Bedürfnis nach Akzeptierung haben. Wir wollen damit nicht sagen, daß wir eine „neue Moral" brauchen, die den Bedürfnissen der heutigen Generation entspricht; im Gegenteil, die sexuellen Entscheidungen sollten nicht nur aus spontanen emotionellen Impulsen heraus getroffen werden, sondern auch auf moralischen Überlegungen beruhen. Die meisten jungen Menschen haben jedoch nie gelernt, was sexuelle Moral ist; sie kennen nur sexuelle Unterdrückung und Verbote.

Um zu verstehen, warum traditionelle Formulierungen moralischer Ansprüche heute nicht mehr die wichtigsten Richtlinien für Menschen darstellen, vor allen Dingen für junge Leute, die Entscheidungen im Hinblick auf ihr Sexualverhalten treffen müssen, sollten wir uns vergegenwärtigen, inwiefern sich die Familie mit dem Übergang von einer überwiegend agrarisch orientierten zu einer Industriegesellschaft veränderte.

Die Bedeutung der Familie als selbständige Einheit, deren Mitglieder sich gegenseitig unterstützten, nahm zugunsten eines losen gesellschaftlichen Verbandes ab, dessen Mitglieder sich nach außen orientierten und Unterstützung bei sozialen Institutionen suchten. Mit der Lockerung der engen Familienstrukturen wuchsen aber auch die Versuchungen und Möglichkeiten, dem Wunsch nach Ehebruch nachzugeben. Dadurch wurde der Familienzusammenhalt zusätzlich geschwächt, was sich nicht nur in einer gesteigerten Scheidungsrate, sondern auch darin zeigte, daß ein allgemeiner Abbau der moralischen Autorität des Familienverbandes stattfand. Die ursprünglichen Funktionen der Familie unterscheiden sich vehement von den heutigen. Worin bestanden diese Funktionen, was hatten sie mit der Vermittlung moralischer Maßstäbe für das Sexualverhalten zu tun, und inwiefern haben sie sich verändert? Die traditionelle Familie befriedigte im Grunde alle Lebenserfordernisse. Sexuelle Aktivitäten blieben auf die Ehe beschränkt. Freizeit- und religiöse Unternehmungen fanden innerhalb der Familie oder gemeinsam mit anderen Familien statt. Selbst die Erziehung der Kinder und die Erfüllung wirtschaftlicher Grundbedürfnisse (die Beschaffung von Nahrung, Kleidung und Unterkunft) waren Sache der Kernfamilie oder des weiteren Familienverbandes. So ist es leicht verständlich, daß die traditionelle Familie problemlos Werte und moralische Richtlinien für sexuelle Verhaltensweisen an die nächste Generation weitergeben konnte. Außerdem übte die Gemeinschaft selbst eine Kontrollfunktion aus, so daß ihre Mitglieder sich wahrscheinlich auch auf sexuellem Gebiet so verhielten, wie man es von ihnen erwartete. In einer traditionellen Familie, die viele Verantwortungen und Funktionen trug, die heute Behörden und staatliche Institutionen wahrnehmen, mußte sich der einzelne sicherlich mehr auf sich selbst verlassen bzw. innerhalb der Familie nach Vorbildern und nach Rat suchen, wenn er mit seinem Sozialverhalten oder seinen Wertvorstellungen Probleme hatte.

Heute stellt sich die Situation der Familie ganz anders dar, vor allen Dingen die der städtischen Familie. Ob die Veränderungen gut oder schlecht sind, mag dahingestellt bleiben; fest steht jedoch, daß sie sehr weitreichend sind. Zum Beispiel liegt der Arbeitsplatz des Mannes meist weit von seiner Wohnung entfernt. Er verbringt einen Großteil seiner Zeit mit Menschen, die in vielerlei Hinsicht ganz anders sind als er. Vielleicht vertreten sie andere Werte, haben andere ethische Einstellungen und zeigen andere Verhaltensweisen auf dem Gebiet der Sexualität als er. Immer häufiger sind diese Menschen, mit denen der Ehemann während seines Arbeitstages in Berührung kommt, Frauen, die selbst Ehemänner und Kinder haben. Mann und Frau befinden sich also in beruflichen Situationen, wo sie mit Menschen beiderlei Geschlechts zu tun haben. Freundschaften können da durchaus zu einer Liebesbeziehung werden, da man viele gemeinsame Interessen am Arbeitsplatz teilt, mit dem Kollegen täglich zusammen ist und manchmal sogar mehr Zeit mit ihm verbringt als mit dem Ehepartner. Es kommt uns hier nicht darauf an, wieviel Prozent aller verheirateten Frauen außerhalb des Hauses arbeiten. Wir gehen davon aus, daß eine verheiratete Frau heute normalerweise erwerbstätig ist.

Die Versorgung der Kinder der erwerbstätigen Frau wird nicht etwa den Mitgliedern der weiteren Familie übertragen, denn diese arbeiten ja auch und leben oft weit entfernt, sondern Tagesstätten und Kindergärten. Menschen haben mehr Freizeit, kürzere Arbeitstage und längere Ferien und wollen mit dieser Zeit etwas anfangen. Sie wollen reisen, neue Menschen kennenlernen und sich erholen. Sie entspannen sich bei Video-Filmen, die ihnen Wertvorstellungen und Lebensweisen zeigen, die ganz anders sind als ihre eigenen. Durch das Fernsehen erfahren sie, wie andere Menschen leben; sie lernen neue Leute in Kursen kennen, fahren übers Wochenende fort und schließen Bekanntschaften in Bars und Tanzlokalen. Die Vermittlung religiöser Wertvorstellungen wird den Kirchen überlassen.

Das Bedürfnis nach Freizeitbeschäftigung und dem Zusammensein mit anderen Menschen wurde früher durch die traditionelle Familie selbst oder die weitläufigere Verwandtschaft abgedeckt; die moderne Familie sucht außerhalb des Familienverbandes nach Kommunikation mit anderen. Die Kernfamilie heute bietet vor allen Dingen den Rahmen für die sexuelle und emotionelle Bindung des Ehepaares und das Zuhause für die Kinder. In einer Gesellschaft aber, in der die Ehepartner sich eher nach außen als nach innen orientieren, kann es sehr schwierig sein, Eheprobleme, wie sie schon immer in jeder normalen Ehe aufgetreten sind, zu lösen. Oft versuchen die Ehepartner heute gar nicht erst, diese Schwierigkeiten gemeinsam aus dem Weg zu räumen, sondern sind davon überzeugt, daß es „da draußen" sicher jemanden geben wird, der einen besseren Partner abgibt.

Wir sind wie gesagt der Meinung, daß die Veränderungen, die im Rahmen der „sexuellen Revolution" stattfanden, mehr semantischer Natur waren und weniger einen tatsächlichen Verhaltenswandel zur Folge hatten. Nicht-traditionelles Sexualverhalten nahm zwar etwas zu; wichtiger aber war, daß viele Menschen sich zu dem, was sie schon lange taten, endlich bekennen wollten. Ein extremes Beispiel für den Versuch, abweichendes Sexualverhalten zu legitimieren, waren die vielen „Swinger Clubs" (Clubs für Partnertausch), wo Ehepaare Gleichgesinnte treffen und die Ehepartner für einen Abend oder eine Nacht austauschen konnten, wobei die Aktivitäten paarweise hinter verschlossener Tür oder auch in der Gruppe (Gruppensex) stattfanden. In diesen Clubs bestätigten die Mitglieder sich immer wieder, daß ihre Einstellung zu Sex „besser", weil „ehrlicher" als die traditionelle sei. Selbst in den Massenmedien wurde diese Meinung bisweilen verbreitet. So behauptete man, auf diese Weise würden Familien „zusammengehalten", da sich die Paare ansonsten hätten scheiden lassen. Diese und andere Versuche zielten darauf ab, ein Verhalten, das immer als Ehebruch und deshalb als unmoralisch gegolten hatte, zu rechtfertigen bzw. sogar als „moralisch" hinzustellen.

Erstaunlicherweise ist es heute aber eher so, daß viele Paare mit sexuellen Problemen Lösungen nicht in einem Partnertausch suchen, sondern sich entweder mit lieblosen ehelichen Beziehungen abfinden oder aber die Scheidung suchen. Nicht der Partnertausch ist heutzutage legitimiert und moralisch vertretbar, sondern die Scheidung. Die meisten Menschen können anscheinend den Ehebruch immer noch nicht akzeptieren, während es kaum jemanden überrascht, wenn eine Ehe in Scheidung endet. Ganz offensichtlich neigt derjenige, der sich in einer unglücklichen Ehe gefangen glaubt, heute eher zu einer außerehelichen Beziehung oder aber zur Scheidung. Beides kann sehr problematische Folgen haben, und das Wissen, daß man sich jederzeit scheiden lassen kann, verstärkt möglicherweise noch die Bereitschaft, außereheliche Beziehungen aufzunehmen, wenn Probleme, besonders sexueller Art, die Ehe belasten. Das vergrößert natürlich nur noch die Wahrscheinlichkeit, daß die Ehe zerbricht. Natürlich soll hier nicht behauptet werden, daß Scheidungen häufig Folge eines Ehebruchs sind; es gibt viele Gründe für eine Entfremdung des Paares, die nichts mit einer außerehelichen Beziehung zu tun haben. In unserer Gesellschaft ist Scheidung eher eine relativ unkomplizierte Möglichkeit geworden, eine unbequeme Ehebeziehung zu beenden. Diese Tatsache ist, unter Berücksichtigung der mehr nach außen orientierten Einstellung vieler Paare, dafür verantwortlich, daß Ehebruch weniger stark verurteilt wird, als wir vielleicht angenommen haben. Es ist sehr bedauerlich, daß die Partner sofort an Scheidung denken, wenn irgendwelche ehelichen Mißstimmungen auftauchen. Diese Entwicklung sollten wir nicht unterschätzen. Die Frage lautet: Wie können wir lernen, in unserem Leben die richtigen Entscheidungen zu treffen, besonders in Situationen, die entweder emotional belastend oder ganz allgemein streßbeladen sind? Auch wir haben keine eindeutigen Antworten. Wir werden jedoch immer wieder versuchen, bewußt zu machen, daß wir uns diesen Fragen stellen und Antworten finden müssen.

Die von uns zum Thema Ehebruch Befragten äußerten sich wie folgt. Eine junge Frau sagte:

„Eheliche Untreue kam in meiner Familie nur einmal zur Sprache, als meine Eltern etwas über das Konzept der ‚offenen Ehe' sagten, das in den 60er und 70er Jahren von manchen Menschen unterstützt wurde. Meine Eltern waren ganz offensichtlich dagegen."

Manche junge Menschen wurden mehr davon beeinflußt, wie Eltern und Familie sich verhielten, als von dem, was sie äußerten:

„Solange meine Eltern noch verheiratet waren, vor ihrer Scheidung, waren sie einander auch treu. Ich weiß ganz genau, daß kein anderer ihre Ehe zerstört hat. Sie haben einander nie betrogen. Da bin ich sicher. Das ist mir sehr, sehr wichtig. Außerehelicher Sex ist einfach schlecht; es sollte nicht passieren. Ich habe schon so viele Ehen scheitern sehen. Ich möchte erst heiraten, wenn ich einen Menschen gefunden habe, den ich so sehr liebe, daß ich keinerlei Verlangen danach habe, mit einem anderen ins Bett zu gehen. Diese Einstellung hat bei mir nichts mit Religion zu tun, vielmehr habe ich einen starken Familiensinn und verurteile außereheliche Beziehungen aus moralischen Gründen. Familie ist für mich sehr wichtig; ich würde nie etwas tun, was die Familie gefährden könnte."

In diesem Fall ist interessant, daß die junge Frau ihr positives Bild von Familie und ehelicher Treue beibehielt, obgleich ihre Eltern sich hatten scheiden lassen.

Die Erklärung eines jungen Mannes, warum er seine Frau nie betrügen würde, zeigt, daß Ethik und Wertvorstellungen auf recht unterschiedlichen Motivationen beruhen können:

„Es gibt zwei Gründe, warum ich meine Frau nicht betrügen würde; einmal liebe ich sie sehr, und zweitens möchte ich nicht an AIDS erkranken."

Wir wiesen ihn darauf hin, daß keiner dieser Gründe als moralische Wertung betrachtet werden könnte; der eine basierte auf seiner Zuneigung zu seiner Frau und der Furcht, sie zu verlieren, der andere auf Angst vor Krankheit. Wir fragten ihn, ob es vielleicht eine tiefere moralische Grundlage für seine Einstellungen gäbe. Er antwortete:

„Vielleicht kommt hier ein bißchen meine alte katholische Erziehung mit ihren Moralvorstellungen durch, aber mehr noch bin ich der Überzeugung, daß ich mir diesen Menschen schließlich mit meiner Heirat ausgesucht habe, der mir Frau, Geliebte und bester Freund sein soll, und daß man eine solche Beziehung aufrechterhält, außer, es ist wirklich etwas ernsthaft mit der Ehe verkehrt, und man weiß das auch. Ich bin ein Mensch, der nicht gut unehrlich sein kann, nicht bei einer Prüfung, nicht im Beruf oder auf irgendeinem anderen Gebiet. Das hat, glaube ich, wenig mit Religion zu tun, denn ich habe zu viele Priester und Nonnen gekannt, die ihr Gelübde nicht ernstgenommen haben, und ich halte nicht viel von religiöser Moral. Ich muß nur morgens aufstehen und mir selbst ins Gesicht sehen können. Besonders in meinem Beruf, in dem es so viele Gelegenheiten zur Unehrlichkeit gibt, habe ich das Gefühl, daß ich einen gewissen moralischen Standpunkt für mich selbst einhalten muß. Die Verführungen zur Korruption sind sehr groß."

Wir fragten ihn, woher er diese moralischen Wertvorstellungen hätte. Er meinte:

„Ich glaube, daß ich viel von meinem Vater übernommen habe, in einem Alter, als ich besonders beeinflußbar war. Mein Vater hatte viele Jahre bei der Polizei gearbeitet und war immer ein ehrlicher Polizist gewesen. Wir hatten nicht viel Geld als er starb, wohnten in einer Sozialwohnung, hatten kein Geld auf der Bank, kein Sommerhaus und kein Auto. Er war jemand, der fest an alte überlieferte Werte glaubte wie ‚ehrlich währt am längsten' und ‚du sollst nicht lügen'. Ich lernte das durch sein Beispiel, wurde aber auch bestraft, wenn ich mich nicht entsprechend verhielt. Mein Vater war streng katholisch und ging regelmäßig zur Kirche. Ich bin sicher, daß viele seiner moralischen Überzeugungen daher kamen."

Aus den Antworten dieses jungen Mannes geht deutlich hervor, daß echtes moralisches Verhalten nicht teilbar ist, sondern sich auf alle Bereiche des Lebens erstreckt. Ein Mensch mit moralischen Überzeugungen handelt nach diesen Richtlinien, wo auch immer in seinem Leben Entscheidungen verlangt werden. Deshalb ist es unserer Meinung nach auch so wichtig, daß schon junge Menschen lernen, moralisch begründete Entscheidungen zu treffen. Wenn das nicht geschieht, können sie sich auch später als Erwachsene – ob es sich nun um sexuelle oder nicht-sexuelle Situationen handelt – nicht moralisch verhalten.

Das Vorbild des Vaters war auch für diese junge Frau entscheidend, wenn es um moralisches Verhalten ging:

„Mein Vater hat mit mir nie über Sex gesprochen; nur einmal unterhielten wir uns über die Ehe, und er war der Überzeugung, daß es nichts Schlimmeres für eine Ehe gäbe als die Untreue eines Partners. Er sagte: ‚Ganz ehrlich, ich habe nie eine Affäre mit einer anderen Frau gehabt. Ich liebe deine

Mutter zu sehr, als daß ich ihr das antun würde.' Er hält die Ehe für etwas Heiliges, und selbst wenn ein Mann seine Frau nicht liebt, sollte er sie nicht betrügen. Ich glaube, seine Einstellung wurde noch dadurch verstärkt, daß einer seiner Freunde eine Affäre mit einer anderen Frau hatte und gerade geschieden wurde."

Manche Menschen vertreten die Einstellung, daß Ehebruch zwar nicht gerade als beispielhaft für moralisches Verhalten angesehen werden kann, wohl aber als harte Realität im Verlauf einer Ehe akzeptiert werden muß. Die herrschende Meinung der Gesellschaft, in der man lebt, beeinflußt natürlich den Grad der Toleranz, den der einzelne für traditionell unmoralisches Verhalten wie Ehebruch aufbringen kann.

Zwei junge Frauen aus Puerto Rico glauben zum Beispiel, daß bei ihnen zu Hause nur die Männer ihre Frauen betrügen und daß man sich damit realistischerweise abfinden muß:

„Wenn wir von einer Affäre oder auch von einer Scheidung hörten, war es immer der Mann, der eine andere Frau gefunden hatte, niemals umgekehrt. Ich hatte verschiedene Freundinnen, deren Eltern sich scheiden ließen. Ich bin nicht sicher, ob immer eine andere Frau eine Rolle spielte, aber meine Eltern waren davon überzeugt. Meine Mutter sagte dann: ‚Das ist nicht recht, denn man ist nur mit einem Menschen verheiratet und sollte ihm treu sein.' Schon als Kind lernte ich, daß Ehebruch unrecht war, wenn ich zu Hochzeiten ging und gepredigt wurde: ‚Die Frau gibt sich ihrem Mann, und der Mann gibt sich seiner Frau, sie sind ausschließlich füreinander da.'"

Die andere Puertoricanerin berichtet davon, daß die Untreue des Ehemannes ganz offensichtlich toleriert wurde:

„Man hat mir nie beigebracht, was die Religion über Ehebruch sagt. Als ich noch zu Hause lebte, kannte ich eine Reihe von Fällen, wo der Mann seine Frau betrog. Im allgemeinen tat allen die Frau sehr leid; die Einstellung zum Verhalten des Mannes war: ‚Ja, so sind eben die Männer. Männer müssen sich beweisen, es ist zwar nicht sehr schön, was er seiner Frau antut, aber er ist eben ein Mann.' Ich habe darüber nie mit meinen Eltern oder Freunden gesprochen, wir hörten sowas nur als Klatsch. In einem Fall hatte ein Mann, der in unserer kleinen Stadt lebte, mindestens fünf andere Frauen neben seiner Ehefrau, die davon wußte, und er hatte auch Kinder mit den anderen Frauen. Er konnte sie aber alle unterhalten, weil er einer der reichsten Männer am Ort war. Fand man das unmoralisch? Ganz sicher nicht. Zumindest bezeichneten die Leute, die ich kannte, sein Verhalten weder als moralisch noch als unmoralisch, wenn manche es auch unanständig fanden. Viele Leute wollen einfach übersehen, daß ein Mann seine Frau betrügt. Einmal sagte sogar meine Mutter zu mir: ‚Weißt du, Carmela, manchmal wollen Männer eben andere Frauen haben. Das passiert, und man soll sich deshalb nicht den Kopf zerbrechen.' Ich war damals mit einem jungen Mann befreundet, und ich bin sicher, daß sie es deshalb sagte. Ich sollte tolerant sein, selbst wenn er mit einer anderen Frau zusammensein wollte."

Die Vermittlung moralischer Prinzipien, nach denen unter anderem auch der Ehebruch bewertet wird, ist einfach und kompliziert zugleich. Von einem religiösen Standpunkt aus oder aus der Sicht eines weltlichen Ehevertrags, gibt es klare Kriterien: Sind die Ehegelübde, die ehelichen Sakramente oder die vertraglichen Abmachungen verletzt worden oder nicht? Kompliziert wird die Frage der Moral, weil in unserer industrialisierten und urbanisierten Gesellschaft so viele Veränderungen stattgefunden haben, die die Ehepartner in Versuchung führen und einander entfremden können. Dazu gehören:

- eine verminderte Angst vor ungewollter Schwangerschaft, da wirkungsvolle Verhütungsmittel zur Verfügung stehen;
- eine längere Lebenserwartung;
- die Erwerbstätigkeit der Frauen;
- mehr Freizeit;
- die Betonung der „Jugendlichkeit“ in unserer Gesellschaft;
- der abnehmende Einfluß der Religionen;
- psychische Belastungen, die aus globalen politischen Krisen und Umweltproblemen resultieren und die nicht selten zu der hedonistischen Einstellung führen: „Lieber heute aus dem Vollen leben, wer weiß, ob ich morgen dazu noch die Gelegenheit habe“;
- der abnehmende Einfluß der Gesellschaft auf das Verhalten des einzelnen und die zunehmende Bedeutung dessen, was Freunde, Nachbarn oder Kollegen sagen;
- das Leben in großen, anonymen Städten, wo sich niemand um das Verhalten des anderen kümmert;
- die zunehmend bessere Bildung und Ausbildung vor allen Dingen der Frauen, die mit alternativen, nicht-traditionellen Lebensweisen bekannt macht;
- die Infragestellung traditioneller religiöser Wertvorstellungen bezüglich sexueller Verhaltensweisen auch von Gläubigen;
- ein allgemeiner Wohlstand, der es möglich macht, daß viele Menschen mehr Geld für ihr Vergnügen ausgeben können;
- mehr sexuell stimulierende Szenen, die in Film und Fernsehen zu sehen sind;
- die Betonung der Befriedigung individueller Bedürfnisse.

Einige dieser Entwicklungen können wir nur positiv beurteilen, andere dagegen bedauern wir; fest steht jedoch, daß wir mit diesen Veränderungen und Einflüssen leben müssen, ob es uns gefällt oder nicht. Wir können die Uhr nicht zurückdrehen in eine Zeit, in der „alles noch einfacher war". Das legitimiert natürlich keineswegs die eheliche Untreue noch modifiziert es die traditionellen moralischen Grundsätze. Wir erwähnen diese Veränderungen nur um aufzuzeigen, wie wichtig es ist, Methoden zu entwickeln, zu vermitteln und zu praktizieren, die jedem Menschen die Fähigkeit geben, vernünftige und moralisch fundierte Entscheidungen zu treffen.

Anmerkungen

1 Murstein, Bernard I.: Love, Sex, and Marriage Through the Ages. New York 1974, S. 43

2 Ebd., S. 95

3 Ebd., S. 99

4 Blackstone, William: Commentaries on the Law of England. Philadelphia 1771, IV, S. 65; zit. in Bullough, Vern L.: Sexual Variance in Society and History. Chicago 1976, S. 466

5 Bullough, Sexual Variance, a.a.O., S. 466f.

6 Murstein, Love, a.a.O., S. 230

7 Bullough, Sexual Variance, a.a.O., S. 504–507

8 Murstein, Love, a.a.O., S. 318f.

9 Kinsey, Alfred u.a.: Sexual Behavior in the Human Male. Philadelphia 1948, S. 585 (dt. Übers.: Das sexuelle Verhalten des Mannes. Berlin – Frankfurt/M. 1964)

10 Kinsey, Alfred u.a.: Sexual Behavior in the Human Female. Philadelphia 1953, S. 416 (dt. Übers.: Das sexuelle Verhalten der Frau. Berlin – Frankfurt/M. 1963)

11 Vgl. Lipton, Lawrence: The Erotic Revolution. An Affirmative View of the New Morality. Los Angeles 1965

Empfängnisverhütung

Ethische und moralische Wertvorstellungen zum Thema Empfängnisverhütung sind historisch gesehen eng mit eher allgemeinen Einstellungen und Überzeugungen in bezug auf Sex, Vaterschaft, Religion und Medizin verbunden. Im Verlauf der Menschheitsgeschichte wurde zwischen Empfängnisverhütung und Abtreibung selten klar unterschieden. Im wesentlichen ging es darum, ob ein Kind geboren werden sollte oder nicht. Heute werden Empfängnisverhütung und Abtreibung nach sehr unterschiedlichen moralischen Maßstäben beurteilt. Deshalb werden wir das Thema Abtreibung im nächsten Kapitel separat behandeln.

Frühe medizinische Aufzeichnungen unterscheiden in der Regel nicht zwischen Verhütungsmethoden, die vor oder nach der Empfängnis wirksam werden; entscheidend war, die Entwicklung des Embryos noch vor dem Sichtbarwerden der Schwangerschaft zu unterbrechen. Schon in alten chinesischen medizinischen Texten von vor 5000 Jahren wurden Mittel erwähnt, die die Entwicklung einer Schwangerschaft verhindern sollten, und diese Mittel waren damals nicht einmal neu. Die Literatur aus dem Altertum enthält zahlreiche Hinweise auf Rezepte für Mittel, die eine Blutung hervorrufen sollten, wenn möglicherweise eine Schwangerschaft vorlag.[1] Die alten Ägypter verwandten eine Reihe von Substanzen, die eine Empfängnis verhüten sollten.

Heute weiß man, daß einige von ihnen eine gewisse verhindernde Wirkung hatten, während andere eine Empfängnis geradezu begünstigten. Zum Beispiel wurde Krokodildung, Honig oder der Saft einer Akazienpflanze in die Scheide eingeführt. Honig hat die Spermien vielleicht etwas unbeweglicher gemacht, was schwach verhütend gewirkt haben mag und aus Akaziensaft entsteht Milchsäure, die Spermien abtöten kann; Krokodildung dagegen ist leicht alkalisch und hat möglicherweise eine Empfängnis eher noch begünstigt, weil dadurch der Säuregehalt der Scheide neutralisiert wurde. Es sieht so aus, als ob die meisten Kulturen der Menschheitsgeschichte irgendeine Art von empfängnisverhütenden Methoden anwandten, auch wenn die Wirkung dieser Mittel fragwürdig bis gefährlich war. Manche Methoden galten als moralisch einwandfrei und wurden auch von der Religion akzeptiert, andere nicht.

Wie bereits erwähnt, bringen die meisten Theologen heute die Sünde Onans (seine Weigerung, dem Brauch Folge zu leisten, nach dem er die Witwe seines Bruders schwängern sollte) mit dem Coitus interruptus (dem Zurückziehen des Penis vor der Ejakulation) in Verbindung. Das würde bedeuten, daß der Coitus interruptus als Verhütungsmethode für den jüdischen Mann verboten war und sich das religiöse Tabu der Empfängnisverhütung nur auf den Mann konzentrierte. Frauen dagegen war es erlaubt, bestimmte verhütende Mittel anzuwenden. Zum Beispiel durften sie eine Art Schwamm, der Mokh genannt wurde, in die Scheide einführen, um eine Befruchtung zu verhindern. In der Tatsache, daß nur die Frauen Verhütung praktizieren durften, spiegelt sich möglicherweise die Überzeugung der alten Hebräer wider, der Mann sei der alleinige Erzeuger des Kindes, und die Frau stelle mit ihrer Gebärmutter lediglich „das Gefäß“ zur Verfügung, in dem sich das Kind entwickeln könne. Das erklärt aber nicht recht, *warum* ein Mann nicht verhüten durfte, es der Frau aber erlaubt war.[2]

Für die Christen war die Frage der Empfängnisverhütung von Anfang an ein wichtiges Thema; viele religiöse Diskussionen und Abhandlungen sind überliefert. Tertullian, einer der frühen christlichen Gelehrten, der zu Beginn des vierten Jahrhunderts lebte, hatte großen Einfluß auf die Denkweise nachfolgender christlicher Religionsphilosophen. Seine Ansichten werden auch heute noch in der traditionellen Einstellung der römisch-katholischen Kirche zur Empfängnisverhütung durch chemische und mechanische Methoden deutlich. Seiner Meinung nach war ein solches Vorgehen unnatürlich und deshalb von Übel.[3]

Die christliche Einstellung zur Verhütung wurde später durch den heiligen Augustinus beeinflußt, der der Überzeugung war, der Geschlechtsakt könne nur dann akzeptiert werden, wenn er der Fortpflanzung diene; alles andere sei Sünde. Da Verhütungsmethoden jedoch die Fortpflanzung verhindern sollten und es damit möglich machten, daß Sex nur dem Vergnügen diente, lehnte er diese Methoden als widernatürlich ab und verbot sie.[4]

Die moralischen Grundlagen der Verurteilung von Empfängnisverhütung variierten in den verschiedenen frühchristlichen Gemeinden. So scheint es, als habe die Ostkirche eine etwas andere Einstellung zum Geschlechtsverkehr entwickelt. Im vierten Jahrhundert schrieb der heilige Johannes Chrysostom, der der Ostkirche angehörte, daß für ihn wie für den heiligen Augustinus die Ehe der einzige Weg sei, Unzucht zu verhindern; er glaube aber nicht, daß Geschlechtsverkehr zwischen Eheleuten eine Sünde sei, auch wenn keine Fortpflanzung beabsichtigt sei. Er argumentierte, daß die Kirche schließlich auch Geschlechtsverkehr zwischen älteren Menschen, die nicht mehr zur Fortpflanzung fähig waren, sowie zwischen einem Mann und seiner schwangeren Frau erlaubte; warum sollte also Sex zwischen Eheleuten nur zum Vergnügen und ohne Fortpflanzungsabsichten Sünde sein? Dies bedeutete aber keinesfalls, daß der heilige Johannes auch für Verhütungsmethoden eintrat. Im Gegenteil, auch er war der festen Überzeugung, daß die Möglichkeit der Empfängnis Gottes Wille sei. Verhütungsmethoden aber seien ein Versuch, gegen den Willen Gottes zu handeln und deshalb eine ebenso große Sünde wie Mord.[5] Obgleich der heilige Johannes Chrysostom Verhütungsmittel nicht gutgeheißen hatte, trugen seine Lehren doch zu einer Verringerung der Schuldgefühle vieler Paare bei. Mit dem Segen der Kirche konnten sie auch dann unbelastet ihre Sexualität miteinander genießen, wenn sie keine Absicht hatten, ein Kind zu zeugen.

Damals wie heute haben die Menschen das Verbot der Empfängnisverhütung nicht uneingeschränkt akzeptiert. Einige Mitglieder der Ostkirche wandten ganz sicher Verhütungsmethoden an, die von den damaligen Medizinern empfohlen wurden. Im sechsten Jahrhundert zum Beispiel riet Aetio, ein Arzt am byzantinischen Hof, dazu, nur während der Menstruationstage Geschlechtsverkehr zu haben, da dann eine Empfängnis weniger wahrscheinlich sei. Er empfahl noch andere, wenn auch nicht sehr wirksame Methoden; so sollten bestimmte Salben den Muttermund für die Spermien undurchdringlich machen. Er schlug sogar die mehr als zweifelhafte Methode vor, nach der Männer ihren Penis vor dem Geschlechtsverkehr mit einer Essig- oder Salzlösung abwaschen und Frauen Scheidenspülungen vornehmen sollten, um Schwangerschaften zu verhüten.[6]

Im Europa des 16. Jahrhunderts mißachteten viele aus Angst vor Geschlechtskrankheiten das Verbot, Verhütungsmittel zu verwenden und eine primitive Art von Kondom aus Leinen wurde populär. Damit wollte man sich in erster Linie vor Ansteckung schützen, aber zweifellos fand man bald heraus, daß damit auch eine Schwangerschaft verhütet werden konnte. Namentlich erwähnt wurde das Kondom zum erstenmal zu Beginn des 18. Jahrhunderts; zu dieser Zeit wurde es aus tierischen Membranen und nicht mehr aus Leinen hergestellt. Auch hier ging es im wesentlichen um den Schutz vor Syphilis und weniger um die Verhütung einer Schwangerschaft.

Zu Beginn des 19. Jahrhunderts wuchs das Interesse an Geburtenkontrolle und damit an Kondomen und anderen Verhütungsmethoden. Manche glauben, daß das hauptsächlich dem Einfluß von Thomas Malthus und seiner Theorie zuzuschreiben sei, nach der die Produktion der Nahrungsmittel nur arithmetisch, die Bevölkerung aber geometrisch zunehmen kann; in einem solchen Fall stünden der menschlichen Bevölkerung bald nicht mehr ausreichend Nahrungsmittel zur Verfügung. Malthus setzte sich dafür ein, das Bevölkerungswachstum durch spätes Heiraten und sexuelle Enthaltsamkeit zu drosseln; andere hielten diese Vorschläge für unrealistisch und Schwangerschaftsverhütung für die beste Möglichkeit, die Bevölkerungsexplosion einzudämmen.[7]

Wir sprachen bereits davon, daß den sexuellen Moralvorstellungen heute weniger religiöse als weltliche Überlegungen zugrunde liegen. Von großer Bedeutung war aber auch die Erfindung des ersten vulkanisierten Gummikondoms, weil dadurch die Betonung nicht mehr in erster Linie auf Krankheitsverhütung, sondern auf Empfängnisverhütung gelegt wurde. Mit der Erfindung des Kondoms und anderer Verhütungsmethoden sowie der Entwicklung wirkungsvoller Medikamente nahm die Angst der Frauen vor Schwangerschaft und Krankheit, den möglichen körperlichen Folgen einer sexuellen Beziehung, immer mehr ab. Mit der Entwicklung der empfängnisverhütenden Pille im Jahr 1960 waren nahezu alle „körperlichen Bedenken" aus dem Weg geräumt, die gegen sexuelle Aktivitäten sprachen; was blieb, waren die moralischen Bedenken.

Seit den 60er Jahren ist in sozialer und medizinischer Hinsicht nicht viel geschehen, was die traditionellen moralischen Positionen neu hätte beleben können, denen zufolge Sex nur innerhalb der Ehe stattfinden darf und keine Verhütungsmittel verwendet werden sollen. Zweierlei stützt allerdings die traditionelle Haltung: zum einen die tragischen Auswirkungen von AIDS, gegen die vorläufig kaum etwas getan werden kann, zum anderen der Verdacht, daß mit einer umfassenden Bevölkerungskontrolle wieder eine Art Eugenik-Bewegung aufleben könnte, wie dies bereits zu Beginn des 20. Jahrhunderts der Fall war. Konservative behaupten, daß sexuelle Enthaltsamkeit der sicherste Weg sei, AIDS zu vermeiden; dagegen läßt sich nichts einwenden. Andererseits ist es äußerst fragwürdig zu behaupten, jeder hätte schließlich die Wahl, enthaltsam zu leben, und wer es nicht fertigbrächte oder nicht wollte, der müsse dann eben die Konsequenzen tragen. Statt dessen sollten junge Menschen darauf hingewiesen werden, daß der Gebrauch von Kondomen sie gegen AIDS schützen kann.

Die Eugenik-Bewegung ging ursprünglich von der elitären und rassistischen Vorstellung aus, daß die Oberschichten mehr Kinder produzieren sollten als die Unterschichten, damit die allgemeine Qualität des Nachwuchses verbessert würde. Obgleich diese Bewegung nicht mehr existiert, behaupten heute führende Persönlichkeiten aus Ländern der Dritten Welt sowie Vertreter von Minderheiten, daß die Motive jener, die vorschlagen, wirtschaftlich schlecht gestellte Menschen sollten weniger Kinder haben, damit sie leichter aus der Armut herausfinden, rassistisch gefärbt seien. Das ist ein echtes Dilemma, denn es hat sich herausgestellt, daß es gerade die unverheirateten Mütter sind, die sich ihre Kinder finanziell am wenigsten leisten können. Solche Mütter sind nur immer neuen Belastungen ausgesetzt, die es ihnen nahezu unmöglich machen, aus dem Teufelskreis der Armut und der Wahrscheinlichkeit, weitere uneheliche Kinder zu bekommen, herauszufinden.

Dies betrifft jedoch nicht nur die Länder der Dritten Welt. Auch in den USA leben Menschen jeder Hautfarbe unterhalb der Armutsgrenze. Dazu kommt, daß hier immer mehr Teenager schwanger werden.[8]

Handelt es sich dabei um ein moralisches Problem? Zweifellos! Ist Verhütung die einzige Antwort? Natürlich nicht! Wenn sich ein junger Mensch entscheidet, bis zu seiner Ehe sexuell enthaltsam zu leben, braucht er sich um Schwangerschaftsverhütung keine Gedanken zu machen. Die Realität sieht jedoch anders aus: Für viele Menschen, besonders für junge Menschen, steht Enthaltsamkeit gar nicht zur Debatte. Ihnen standen nie die moralischen Richtlinien zur Verfügung, um von dieser Wahlmöglichkeit Gebrauch machen zu können. Natürlich gibt es junge Menschen mit starken religiösen und moralischen Einstellungen, die aus Überzeugung sexuell enthaltsam leben. Reicht es aber aus, denjenigen, denen diese moralischen Richtlinien nicht vermittelt wurden und die nun sexuellen Kontakt zum anderen Geschlecht aufnehmen, lediglich zu sagen: „Wir wollen nicht, daß du etwas von Verhütungsmethoden weißt; dann sollst du lieber ein Kind bekommen, auch wenn du erst 14 bist." Drückt sich darin moralische Überzeugung aus? Vielleicht. Unabhängig davon sind wir jedoch der Meinung, daß alle jungen Menschen eine Art moralische Erziehung erhalten sollten; das Fehlen dieser Art der Bildung kann ein Leben mindestens ebenso leicht zerstören, als hätte der Jugendliche keine ausreichende Schulbildung erhalten.

Dieses System moralischer Werte muß jungen Leuten vermittelt werden, bevor sie sexuell aktiv werden und nicht erst, wenn das Baby schon unterwegs ist. Selbst wer Verhütungsmethoden oder Sex zwischen unverheirateten Partnern nicht generell schon für unmoralisch hält, muß lernen, moralisch begründet zu verstehen, daß es Situationen gibt, in denen er seinen sexuellen Wünschen nicht nachgeben sollte. Das gilt zum Beispiel für jene jungen Frauen und Männer, die ein Verhältnis mit einer verheirateten Person eingehen und dies damit rechtfertigen, „der Mann oder die Frau des geliebten Menschen habe eben keinerlei Interesse an Sex". Psychotherapeuten und Erzieher für Sexualkunde sind von einer solchen Beziehung meistens alles andere als begeistert, da der junge Mensch in einer solchen Situation selten „gewinnen“ kann, sondern sehr wahrscheinlich psychisch verletzt wird. Wir glauben, daß ihre psychologischen Erklärungen durch moralische Überlegungen gestützt werden könnten. Allerdings hat das nur Sinn, wenn Menschen den Wert moralischer Richtlinien auch dann anerkennen, wenn sie keine starken religiösen Bindungen haben. Viele werden nicht genau wissen, wie sie ihre moralischen Grundlagen für sexuelle Verhaltensweisen definieren sollen, ohne Begründungen der traditionellen Religionen zu Hilfe zu nehmen. Wahrscheinlich hat man ihnen niemals ein festes System moralischer Werte vermittelt, auf das sie bei ihren Entscheidungen zurückgreifen könnten.

Offensichtlich haben die Menschen zu selten Gelegenheit, sich über moralische Fragen Gedanken zu machen und entsprechend zu handeln. Diejenigen Religionen beispielsweise, die den Gebrauch von Verhütungsmitteln gestatten, sollten unserer Meinung nach ihren Gläubigen vermitteln, daß es unter bestimmten Bedingungen moralisch richtig ist, Verhütungsmittel zu verwenden, ebenso wie Religionen, die Verhütung ablehnen, die Unmoral einer solchen Handlung deutlich machen sollten. Beide Positionen sind im Rahmen der entsprechenden Religion korrekt; wer aber in bezug auf sein Sexualverhalten verantwortlich und moralisch handeln möchte, muß erst moralisch abwägen lernen, bevor er wichtige und unvermeidliche Entscheidungen meistern kann.

Die Ansichten der katholischen Kirche wurden uns von Pater Corr erläutert:

„Die traditionelle Einstellung der katholischen Kirche zur Empfängnisverhütung zieht die Absicht in Betracht, die hinter einer bestimmten Handlung steht. Die Absicht bei der Verwendung von künstlichen Verhütungsmitteln ist eindeutig: Das Paar möchte sein sexuelles Beisammensein genießen und gleichzeitig eine Schwangerschaft vermeiden. Die meisten Katholiken halten eine solche Handlungsweise immer noch für Sünde. Damit ist nicht gesagt, daß die Kirche jegliche Geburtenplanung verbietet; zum Beispiel kann ein Paar während der fruchtbaren Tage der Frau sexuell enthaltsam leben und so eine Schwangerschaft vermeiden (Knaus-Ogino-Methode). Chemische oder mechanische Verhütungsmittel aber werden von der Kirche als ‚unnatürlich' verurteilt; zu deutlich steht die Absicht dahinter, die Möglichkeit einer Empfängnis auszuschließen."

Alle jungen Menschen, die wir befragten, schienen in einem Punkt einer Meinung zu sein: unabhängig davon, was ihre Religion ihnen vorschrieb, waren sie und auch ihre Eltern dafür, in der Ehe Verhütungsmittel anzuwenden; die meisten hielten es auch für richtig, daß Unverheiratete, die sexuell aktiv waren, Verhütungsmittel benutzten. Diese Ansichten wurden selten mit Moral in Zusammenhang gebracht, und moralische oder religiöse Überzeugungen spielten bei der Entscheidung zu verhüten keine Rolle. Eine junge Frau meinte dazu:

„Ich habe immer nur Positives über Empfängnisverhütung gehört. Wenn man mit jemandem schlafen wollte, müßte man unbedingt Verhütungsmittel verwenden. Es hatte nichts mit Religion zu tun."

Etwas wurde immer wieder deutlich, wenn wir mit jungen Menschen über die verschiedensten Aspekte sexueller Moral sprachen: sofern man ihnen als Kinder moralische Richtlinien mitgegeben hatte, bezogen sich diese immer auf gesellschaftliche Konventionen, das heißt, man erwartete von ihnen, daß sie sich in ihrem Verhalten danach richteten, „was man tut und was man nicht tut". Nur sehr selten trafen wir auf moralische Überzeugungen, die auf religiösen Erklärungen beruhten, warum manche Verhaltensweisen erlaubt waren und andere nicht. Die meisten hatten sich so gut wie nie Gedanken darüber gemacht, warum ein Verhalten richtig oder falsch, moralisch oder unmoralisch war.

Viele stellten die Bedeutung von Empfängnisverhütung nicht in Frage, obgleich sie starke Bindungen an Religion und Kirche hatten. Folgende Aussage einer jungen Frau war auch für viele andere religiös empfindende Menschen typisch, mit Ausnahme der Gläubigen der römisch-katholischen Kirche:

„Ich weiß eigentlich gar nicht, ob unsere Kirche für oder gegen Empfängnisverhütung ist. Armenische Familien haben im allgemeinen nicht besonders viele Kinder, meistens drei oder vier, ich glaube also, daß unsere Kirche weniger Betonung auf Fortpflanzung legt als die katholische Kirche. Nach dem, was ich so gesehen habe, glaube ich, daß meine Kirche nichts gegen Verhütungsmittel einzuwenden hat. Ich bin sicher, daß viele Menschen sie verwenden, aber man spricht einfach nicht darüber."

Das Erstaunliche an dieser Aussage ist, daß diese junge Frau sich ihrer Kirche eng verbunden fühlt und aus einer Familie stammt, die man als traditionell religiös bezeichnen kann. Wir gewannen den Eindruck, daß sie wirklich nicht wußte, welche Position ihre Kirche zu dieser Frage einnimmt und daß ihr das auch ziemlich egal war. Für jemanden, der sehr an seiner Kirche hängt, schien das eine merkwürdige Reaktion zu sein. Nach längeren Gesprächen wurde uns die Einstellung dieser jungen Frau jedoch verständlicher. Sie erinnerte uns an die jener Mütter, die die sexuellen Aktivitäten ihrer Töchter nur „ertragen", indem sie leugnen, daß etwas stattfindet. Wenn sie nicht wissen, daß ihre Töchter schon sexuelle Kontakte haben, brauchen sie sich auch nicht mit diesem Thema auseinanderzusetzen. Das Wissen dagegen kann bedrohliche Konfrontationen zur Folge haben. Ähnlich reagieren viele Gläubige bei der Frage der Empfängnisverhütung: für sie ist Verhütung eine notwendige moralische Handlung innerhalb der Ehe, und sie halten es deshalb für besser, die religiösen Vorschriften auf diesem Gebiet nicht so genau zu kennen. Die Geistlichen scheinen diese Haltung ihrer Gemeindemitglieder noch zu unterstützen, da sie diese Themen von sich aus nicht ansprechen. Nur selten erfuhr einer unserer Befragten, welche moralische Einstellung seine Kirche zur Empfängnisverhütung in der Ehe hatte.

Eine junge Frau aus Puerto Rico berichtete uns, daß für sie Verhütung nie eine Frage der Moral gewesen war, wahrscheinlich, weil man einfach selten über dieses Thema gesprochen hat:

„Vor nicht langer Zeit gestand meine Mutter mir, daß sie früher überhaupt nichts von Verhütungsmitteln gewußt hätte, sonst hätte sie nur ein Kind gehabt statt vier. Ich als Älteste wäre also geboren worden, aber nicht meine Schwester und meine Brüder. Als ich sie fragte, warum sie denn später Verhütungsmethoden angewendet hätte, antwortete sie mir, sie hätte in sechs Jahren vier Kinder geboren und wäre dadurch zu sehr angebunden gewesen. Mit nur einem Kind hätte sie arbeiten können, hätte sie in schlechten Zeiten einfach aus der kleinen Stadt wegziehen und es woanders versuchen können. Sie sagte mir nicht, was sie gemacht hatte, um nach dem vierten Kind nicht mehr schwanger zu werden, aber ich weiß, daß meine Großmutter ihren Schwiegertöchtern immer zur Sterilisation geraten hatte. Sie sind alle sterilisiert; Sterilisation kam natürlich nur für die Frauen in Frage, nie für die Männer der Familie."

Für die meisten unserer Interviewpartner war Empfängnisverhütung kein Problem und manche waren sogar überrascht, daß es für uns etwas mit Moral zu tun hatte. Die meisten verstanden die Möglichkeit zu verhüten als gegebene Tatsache unseres modernen Lebens: Man verwendete solange Verhütungsmittel, bis man ein Kind haben möchte. Einige führende Geistliche sind vielleicht nicht bereit zu akzeptieren, daß Verhütungsmittel angewendet werden; auf der anderen Seite dürfen sie nicht ignorieren, welche tragischen Folgen es hat, wenn Kinder Kinder bekommen. Wir glauben, daß beides eng miteinander verbunden ist. Da die jungen Leute, die wir befragten, nur in den seltensten Fällen mit ihren Eltern oder religiösen Erziehern über die moralischen Aspekte der Empfängnisverhütung gesprochen hatten, können wir daraus schließen, daß schwangere Teenager von Eltern oder Erziehern über Verhütungsmittel wohl nur selten aufgeklärt worden sind. Es scheint uns logisch, daß man bei einem Gespräch über die moralischen Aspekte von Verhütung auch über die moralischen Aspekte von Sex zwischen Unverheirateten und die möglichen Folgen einer Schwangerschaft sprechen muß. Anscheinend fällt es uns leichter zuzusehen, wie junge Leute durch ungewollte Schwangerschaften in ihren Lebensmöglichkeiten eingeschränkt werden und nicht selten jegliche Hoffnung auf eine vielversprechende Zukunft aufgeben müssen, als daß wir ihnen rechtzeitig moralische Werte vermitteln, aufgrund derer sie im Hinblick auf ihre sexuellen Verhaltensweisen Entscheidungen treffen können. Wir müssen Eltern, die glauben, mit einem einfachen „Du sollst nicht!" ihre Pflicht in bezug auf eine moralische Erziehung getan zu haben, dahin bringen, daß sie ihren Kindern ein moralisches Wertesystem vermitteln, das es erleichtert, Entscheidungen zu treffen.

Anmerkungen

1 Davis, Geoffrey: Interception of Pregnancy. London 1974, S. 119
2 Bullough, Vern L.: Sexual Variance in Society and History. New York 1976, S. 79
3 Davis, Interception, a.a.O., S. 122
4 Bullough, Sexual Variance, a.a.O., S. 194, 355
5 Ebd., S. 324
6 Ebd.
7 Ebd., S. 549f.
8 Vgl. Moynihan, Daniel Patrick: Family and Nation. San Diego 1987

Abtreibung

Kein Thema rief bei unseren Interviewpartnern stärkere Emotionen hervor, als das Thema Abtreibung. Dabei zeigten sich heftige Reaktionen nicht nur in dem, was gesagt wurde, sondern häufig auch in der Art und Weise, wie etwas gesagt wurde. Das ist verständlich, denn eine Abtreibung hat immer Konsequenzen, die das Leben verändern, unabhängig davon, wie man zu dem Thema steht, welche Gründe man vorbringt und welcher Religion man angehört. Für manche ist Abtreibung ganz offensichtlich gleichbedeutend mit Mord. Andere sehen in der Abtreibung eine akzeptable Möglichkeit, eine Schwangerschaft abzubrechen, wenn das Kind die Chancen der Frau zunichte machen würde, einen bestimmten Lebensstil und eine erhoffte berufliche Position zu erreichen. Viele Frauen sehen in dem Bemühen, Abtreibungen wieder in die Illegalität zurückzudrängen, erneut das Bestreben der von Männern dominierten Gesellschaft, die Entscheidungsgewalt über den Körper der Frau wiederzugewinnen und gesetzlich zu sanktionieren. Wir können diesen letzten Punkt hier nicht ausführlicher behandeln, weil wir uns auf andere Fragen sexueller Moral konzentrieren wollen; es ist uns aber bewußt, daß man nicht über Abtreibung und andere Bereiche der Sexualität sprechen und dabei sexualpolitische Maßnahmen und Ansichten vollkommen ignorieren kann. Die Frage der Abtreibung erfordert mehr als irgendein anderes Thema sexueller Moral einen mündigen Menschen, dessen Entscheidungen auf moralischen Wertprinzipien basieren.

Die moralische Beurteilung der Abtreibung scheint in der Geschichte der Menschheit immer wieder starke Kontroversen hervorgerufen zu haben.

Die Menschen des Altertums haben Abtreibungen anscheinend unter bestimmten sozialen oder medizinischen Umständen befürwortet. Manche Philosophen im antiken Griechenland waren der Meinung, daß Abtreibungen vorgenommen werden sollten, um die Größe der Familie zu begrenzen oder wenn die Mutter „zu alt" war. Aristoteles war dafür, daß eine Frau, die zu viele Kinder hatte, eine Abtreibung vornehmen lassen sollte, bevor sie die Bewegungen des Embryos spürte; Plato meinte, daß alle schwangeren Frauen über Vierzig abtreiben sollten.[1]

Obgleich die Bibel keine eindeutigen Hinweise darauf gibt, ob Abtreibung erlaubt ist und ab wann man von menschlichem Leben sprechen kann, lehnten Juden und Christen die Abtreibung ab. Diese Einstellung stützt sich auf eine Reihe biblischer Stellen. Raphael Patai, ein bekannter Anthropologe und Kenner der Geschichte des Mittleren Ostens, erklärt den Beginn des individuellen menschlichen Lebens, wie er in der Bibel dargestellt ist, folgendermaßen:

„Der Mensch besteht aus Staub und Ton, und zwar nicht nur in einem historischen Sinn, weil er von Adam abstammt, dessen Körper von Gott aus Erde geformt wurde; die Bibel sagt auch, daß jeder einzelne individuell aus Staub geschaffen wurde (...) Gott formt jeden Menschen aus Ton, wie der Töpfer seine Töpfe aus Ton herstellt: ‚Wir sind Ton, du bist unser Töpfer, und wir alle sind deiner Hände Werk' (Jesaja 64:7).

Das Bild Gottes als Töpfer und des Menschen als Ton in seinen Händen wird im Neuen Testament wieder aufgegriffen (Römer 9:21).

Gleichzeitig erschafft Gott aber auch den Menschen im Mutterleib.

Abgesehen von den mystischen Bestandteilen dieser Vorstellung wird aus den obigen Zitaten die biblische Einstellung deutlich, daß der Körper der Mutter lediglich ein Gefäß ist, in dem der Embryo von Gott aus dem Samen des Vaters geformt wird."[2]

Obgleich Abtreibungen im allgemeinen verurteilt wurden, gab es dazu unter den frühen Christen unterschiedliche Ansichten. Noch im 13. Jahrhundert vertrat der heilige Thomas von Aquin die Meinung, menschliches Leben mache sich durch Ratio und Bewegungen bemerkbar. Viele Theologen hatten die These von Aristoteles übernommen, derzufolge sich die Seele in drei Stadien entwickelt: von der vegetierenden Seele zur Zeit der Empfängnis zur tierischen Seele und schließlich zur Seele einer höheren Vernunft bzw. zur vollkommenen menschlichen Seele. Thomas von Aquin war davon überzeugt, daß die Bewegungen des Embryos eine notwendige Voraussetzung für das Vorhandensein von Vernunft, und damit auch der menschlichen Seele seien. Daraus folgte, daß die ersten spürbaren Bewegungen des Embryos den Beginn des menschlichen Lebens anzeigten; man nahm an, daß damit die Entwicklung abgeschlossen war, die nach damaliger Ansicht – vom Zeitpunkt der Empfängnis an gerechnet – bei einem männlichen Embryo 40 und bei einem weiblichen 80 Tage dauerte.[3] Der Historiker Lawrence Lader wies allerdings darauf hin, daß „... niemand in der Lage war, das Geschlecht des Embryos zu bestimmen."[4] Der englische Rechtsgelehrte Bracton, ein Zeitgenosse Thomas von Aquins, stellte die allgemein gültige Regel auf, nach der menschliches Leben zum Zeitpunkt der ersten spürbaren Bewegungen beginnt, nicht aber eine festgelegte Anzahl von Tagen nach der Empfängnis. Nach dem allgemeinen englischen Recht jener Zeit war Abtreibung also erst nach den ersten Bewegungen des Embryos als Mord zu bezeichnen, vorher nicht. Zum ersten Mal fiel Abtreibung unter die Jurisdiktion des Zivilrechts statt des Kirchenrechts, wenn sie zu einem Zeitpunkt durchgeführt worden war, zu dem der Embryo sich schon bewegt hatte.[5] Gesetzesbrecher konnten jedoch aus verständlichen Gründen nur selten belangt werden, denn in der Frage, ob sich der Embryo bewegt hatte oder nicht, mußte man sich schließlich auf die Angaben der Mutter verlassen.

Im Jahr 1588 erklärte Papst Sixtus V., daß alle Abtreibungen Mord seien, unabhängig davon, wie viele Tage nach der Empfängnis sie vorgenommen würden. Der nächste Papst, Gregor XIV., machte das wieder rückgängig. Für ihn war eine Abtreibung erst ab dem 40. Tag nach der Empfängnis strafbar. Diese Regelung galt bis 1869, als Papst Pius XI. jede Unterscheidung zwischen sich bewegenden und nicht bewegenden Embryos aufhob und erklärte, alle Abtreibungen seien als Mord zu verurteilen.[6] Diese Position wird von der römisch-katholischen Kirche bis heute vertreten.

In den Vereinigten Staaten galt Abtreibung bis zu Beginn des 19. Jahrhunderts in der Regel nicht als Verbrechen; das erste Abtreibungsgesetz wurde 1821 in Connecticut verabschiedet, aber auch hier wurde Abtreibung erst nach den ersten Bewegungen des Embryos bestraft. In den nächsten 150 Jahren wurde in den meisten Bundesstaaten Abtreibung durch anerkannte medizinische Methoden gestattet, wenn das Leben der Frau in Gefahr war.

In den 60er Jahren belebte die Kontroverse um das Beruhigungsmittel Thalidomid (Contergan) das Interesse am Thema Abtreibung aufs neue. Sherri Finkbine, die ein Fernsehprogramm für Kinder leitete, hatte während der ersten Monate ihrer fünften Schwangerschaft Thalidomid genommen. Kurz darauf erfuhr sie, daß Frauen in Europa, die dieses Medikament während der ersten drei Monate ihrer Schwangerschaft genommen hatten, häufig Kinder mit Geburtsfehlern zur Welt brachten, Säuglinge, die statt Armen nur Stummel hatten, die sehr kurze oder keine Beine hatten, denen die Ohren fehlten und ähnliches. Mrs. Finkbines Arzt riet zu einer Abtreibung. Um sich rechtlich abzusichern, ging das Krankenhaus vor Gericht, um einen bindenden Bescheid zu erhalten; die Ärzte hielten zwar die Abtreibung für gerechtfertigt, aber der Bezirksstaatsanwalt war der Meinung, daß das Krankenhaus in einem solchen Fall strafrechtlich zu verfolgen sei. Als sich abzeichnete, daß die Gerichtsverhandlungen zu lange dauern würden und es dann zu einer Abtreibung zu spät wäre, flogen die Finkbines schließlich nach Schweden. Die Abtreibung wurde durchgeführt und es stellte sich heraus, daß der Embryo tatsächlich geschädigt war.[7]

Die Öffentlichkeit sprach sich immer stärker dafür aus, Gesetze, die die Abtreibung verboten, abzuschaffen und der Frau das Recht zu geben, über ihren Körper selbst zu bestimmen, das heißt, eine Schwangerschaft abzubrechen, wenn sie und ihr Arzt der Meinung waren, daß sie dadurch gefährdet würde. Eine Kontroverse entstand, die im Jahr 1973 ihren Höhepunkt erreichte, als im Fall Roe gegen Wade vor dem obersten Gericht der Vereinigten Staaten entschieden wurde. Es ging dabei um das texanische Gesetz, das Abtreibungen nur billigte, wenn das Leben der Mutter in Gefahr war. Der oberste Gerichtshof entschied wie folgt:

„Das (texanische) Gesetz ist verfassungswidrig. Das im Grundgesetz vorgesehene ‚Recht auf Privatsphäre' gestattet einer Frau, sich nach Beratung mit ihrem Arzt für einen Schwangerschaftsabbruch zu entscheiden. Während der ersten drei Monate hat der Staat dabei keinerlei Einspruchsrecht, sofern die Abtreibung von einem zugelassenen Arzt durchgeführt wird. Nach dem dritten Monat kann der Staat eine mögliche Abtreibung bestimmten Regulierungen unterwerfen, um die Gesundheit der Frau zu schützen. Wenn die Schwangerschaft schon so weit fortgeschritten ist, daß der Embryo unter Umständen außerhalb des Mutterleibes am Leben erhalten werden kann, wird der Schutz dieses Lebens zum Anliegen des Staates, der dann eine Abtreibung verbieten kann, es sei denn, Leben und Gesundheit der Frau sind gefährdet."[8]

Unsere jungen Interviewpartner sprachen oft über den moralischen Aspekt einer Abtreibung, aber auch davon, ob man ihnen überhaupt beigebracht hatte, Abtreibung aus einer moralischen Perspektive zu sehen.

Eine junge Frau beschreibt die Reaktion ihrer Eltern mit folgenden Worten:

„Ich wurde mit 17 schwanger und entschloß mich zu einer Abtreibung; erst danach predigte mir meine Mutter dauernd, wie wichtig Verhütungsmittel seien. Sobald ich wußte, daß ich schwanger war, erzählte ich es meiner Mutter, und zwei Tage später hatte ich schon die Abtreibung. Meine Mutter ärgerte sich über mich, weil ich nicht besser aufgepaßt hatte. Ich glaube, sie hatte eigentlich nie wissen wollen, ob ich schon sexuell aktiv war. Jetzt konnte sie die Augen nicht mehr davor verschließen, und ich glaube, das war einer der Gründe, warum sie sich so aufregte. Jetzt gab es plötzlich so viel, um das sie sich Gedanken machen mußte, daß ich mir eine Geschlechtskrankheit holte, wieder schwanger wurde und so weiter.

Die Abtreibung belastete mich sehr, und ich habe viel geweint. Ich fand nicht, daß eine Abtreibung unmoralisch war, ich fand es nur furchtbar. Meine Mutter hielt Abtreibungen auch nicht für unmoralisch; sie blieb sehr vernünftig und meinte nur, daß Schwangerschaft und Abtreibung für einen jungen Menschen wie mich wirklich keine gute Sache sei. Als sie meinem Vater später davon erzählte, war er außer sich, weniger, weil so etwas geschehen war, sondern weil ich ihm nichts gesagt hatte."

Ein junger Mann schilderte uns folgendes erschütterndes Erlebnis, das seine Einstellung zum Thema Abtreibung nachhaltig beeinflußte:

„Meine Einstellung zur Abtreibung wurde durch ein Erlebnis geprägt, als ich noch Student war. Ich hatte zwar schon früher Artikel über Abtreibung gelesen und weiß, daß wir in der (katholischen) Schule darüber gesprochen hatten, aber all das hatte keinen besonderen Eindruck bei mir hinterlassen. Als Student arbeitete ich nebenbei als Hilfspolizist; in einer sehr kalten Dezembernacht standen mein Kollege und ich an einer Straßenecke, als wir plötzlich eine Frau laut auf Spanisch nach der Polizei rufen hörten. Glücklicherweise konnte mein Kollege Spanisch und verstand, daß eine Frau in der Wohnung verblutete. Wir riefen einen Krankenwagen und liefen dann so schnell wir konnten die Treppe hinauf zu der Wohnung. Was wir dort oben vorfanden, war entsetzlich: ein junges Mädchen von etwa 17 Jahren lag in der Badewanne und hatte das Ende eines Drahtbügels aus der Scheide hängen, während das Blut nur so aus ihr herausströmte. Wir leisteten erste Hilfe so gut es ging, versuchten vor allen Dingen, durch Anheben der Beine die Blutungen etwas aufzuhalten; nach kurzer Zeit kam der Krankenwagen und brachte sie ins Krankenhaus.

Die Frau, die um Hilfe gerufen hatte, erzählte uns, was geschehen war. Anscheinend war das junge Mädchen ihre Nichte. Sie war aus Puerto Rico gekommen und hatte bei der Tante gewohnt. Bei einer Tanzveranstaltung hatte sie einen jungen Mann kennengelernt, mit dem sie ihre erste sexuelle Erfahrung machte und, wie nicht selten, war sie beim ersten Geschlechtsverkehr gleich schwanger geworden. Das war Anfang der 70er Jahre, und Abtreibung war gerade legalisiert worden, aber für dieses junge Mädchen mit streng katholischer Erziehung war eine solche Lösung nicht ‚erlaubt'. Sie lebte allein in New York bei ihrer Tante, ohne Mutter und Schwestern, was sollte sie tun? Sie ging also zur Beichte und traf unglücklicherweise auf einen sehr unsensiblen, konservativen Priester, der ihr Vorwürfe machte und ihr das Gefühl gab, wie eine Hure gehandelt zu haben. Sie wußte jetzt nur, daß sie das Baby loswerden mußte, ohne daß jemand etwas erfuhr und versuchte es also mit dem Drahtbügel.

Sie überlebte die Tortur, aber ihre Gebärmutter war so stark verletzt, daß sie entfernt werden mußte. Vier oder fünf Tage lang schwebte dieses junge Mädchen in Lebensgefahr."

Diesem jungen Mann war früher in der katholischen Schule beigebracht worden, daß Abtreibung Mord sei. Aber all das wurde durch dieses eine Erlebnis nahezu ausgelöscht:

„Es machte einen tiefen Eindruck auf mich; ich war in derselben Gegend aufgewachsen und hatte immer schon Gerüchte gehört, daß in den Wohnungen da Abtreibungen vorgenommen wurden. Angeblich hatte man, wenn diese alten Wohnhäuser abgerissen wurden, schon Embryos gefunden, die in den Wänden und unter den Fußböden versteckt gewesen waren. Nach dem Erlebnis mit diesem jungen Mädchen kam ich zu der Überzeugung, daß eine Frau, die unbedingt abtreiben will, auch einen Weg finden wird. Und dann sollte man es für sie so sicher wie möglich machen."

Auch innerhalb von Familien, in denen die Religion

eine größere Rolle spielt, gibt es oft unterschiedliche Meinungen und Kritik. Eine junge Frau berichtete:

„Mein Vater hält Abtreibung für Mord und ist absolut dagegen. Zu meiner Überraschung denkt meine Mutter da etwas anders; sie glaubt, daß eine Frau manchmal keine andere Wahl hat. Aber auch sie ist gegen Abtreibung vor der Ehe (wahrscheinlich, weil sie damit auch stillschweigend vorehelichen Geschlechtsverkehr akzeptieren würde)."

Andere Gläubige haben aus anderen Gründen etwas gegen die Einstellung der Kirche zu Abtreibungen einzuwenden. Eine junge Frau sagte uns:

„Ich bin politisch sehr engagiert und habe meine eigene Vorstellung davon, was für meine Leute (Latinos von den Karibischen Inseln) richtig ist. Wenn sie also versuchen, etwas von der Sünde der Abtreibung zu sagen, antworte ich: ‚Es tut mir leid, daran glaube ich nicht.' Wenn eine Frau eine Abtreibung möchte, soll sie sie haben; mir ist es ganz egal, was der Papst sagt. Ich weiß, das klingt komisch von einer Gläubigen, die schließlich jeden Sonntag in die Kirche geht, aber so denke ich nun einmal. Ja, ich empfange die Kommunion und ich fühle mich im Einverständnis mit meinem Gott."

Wie bereits gesagt, ruft kein sexuelles Thema stärkere Emotionen hervor, als das der Abtreibung. Vielleicht hängt dies auch damit zusammen, daß Abtreibung eine Handlung ist, für oder gegen die man sich entscheiden kann. Durch ihre Legalisierung wird Abtreibung zwar nicht zu einer guten und moralisch einwandfreien Tat; sie wird dadurch aber aus dem Bereich des Strafrechts herausgenommen und zu einer reinen Angelegenheit der Medizin und der moralischen Überzeugung des einzelnen. Zu Recht, wie wir finden. Manchmal wird behauptet, die moralische Beurteilung einer Abtreibung hänge nur davon ab, wie die verschiedenen Religionen den Beginn des Lebens definieren. Großenteils trifft das auch zu. Es gibt aber Fälle, in denen zwei moralische Haltungen aufeinandertreffen: was soll zum Beispiel geschehen, wenn ein sehr junges Mädchen nach einer erzwungenen Inzestbeziehung schwanger wird, wenn eine Vergewaltigung Folgen hat oder eine psychisch kranke Frau schwanger wird? Und was ist mit den jungen Frauen, die keiner Religion angehören? Wenn die Definition vom Beginn des menschlichen Lebens eine rein theologische Angelegenheit ist, sind sie dann frei zu tun, was sie wollen, während andere Frauen, die sich religiös gebunden fühlen, bestraft werden? Wird es wieder soweit kommen, daß wir etwas, was grundsätzlich eine religiöse Frage ist, dem Strafrecht unterwerfen, wie es schon vor Hunderten von Jahren geschehen ist? Leider gibt es weder unter Theologen noch unter Ärzten in diesen Fragen viel Übereinstimmung. Die moralische Beurteilung der Abtreibung hat nicht nur damit zu tun, wann das menschliche Leben beginnt, sondern hängt noch von anderen moralischen Überlegungen ab, die durch die individuelle Situation gegeben sind. Wenn wir alle anderen moralischen Kriterien ignorieren, wäre das absichtliche Beenden eines menschlichen Lebens, wann auch immer es begonnen hat, vom Standpunkt nahezu aller Religionen sicherlich unrecht und könnte sogar als Mord bezeichnet werden. (Wir vermeiden hier bewußt die Frage, ob ein Embryo, der zum Beispiel mißgestaltet oder unfähig ist, außerhalb des Mutterleibes zu existieren, abgetrieben werden darf. Eine solche Situation fällt in den Bereich der Euthanasie. Euthanasie hat aber nichts mit sexueller Moral zu tun und ist auch kein eindeutiger Faktor bei der moralischen Entscheidung für oder wider Abtreibung.) Abtreibung wird jedoch nur selten losgelöst von jeglichen anderen moralischen Kriterien beurteilt werden. Und selbst wenn dies der Fall wäre, müßte erst eine wichtige Frage beantwortet werden: Beginnt das menschliche Leben zum Zeitpunkt der Befruchtung? Oder bei den ersten spürbaren Bewegungen des Embryos? Oder am Ende des sechsten Monats? Oder wenn der Embryo außerhalb des Mutterleibes ohne künstliche Mittel leben kann? Oder wenn das Baby geboren wird und seinen ersten Atemzug tut? Wir können diese Frage nicht für Sie beantworten. Es ist eine Sache des Glaubens und der Wissenschaft. Wenn uns die Wissenschaft keine Antwort geben kann, müssen wir uns auf unseren Glauben verlassen, und dann die moralische Verantwortung für unsere Entscheidung selbst übernehmen.

Anmerkungen

1 Guttmacher, Alan F. (Hrsg.): The Case for Legalized Abortion Now. Berkeley 1967, S. 3

2 Patai, Raphael: Sex and Family in the Bible. Garden City, N. Y. 1959, S. 182f. (dt. Übers.: Sitte und Sippe in Bibel und Orient. Frankfurt/M. 1962)

3 Lader, Lawrence: Abortion. Boston 1966, S. 77f.

4 Ebd., S. 77

5 Ebd., S. 78

6 Ebd., S. 79

7 Bullough, Vern. L.: Sexual Variance in Society and History. Chicago 1976, S. 657f.

8 Planned Parenthood Federation of America, Inc., Legal Division. „Major Supreme Court Reproductive Freedom Cases“, in: Fact Sheet, New York 1986

Oraler und analer Sex

In unserer eigenen Jugend, also während der 30er und 40er Jahre, wurde nicht öffentlich über Sex gesprochen. Selbst wenn wir uns mit Gleichaltrigen über Sex unterhielten, gab es immer eine eindeutige Trennung zwischen „normalem" Sex (der Mann lag auf der Frau) und anderen Sexualpraktiken, die viele Jugendliche und auch Erwachsene als „unmoralisch", „unnormal", „deviant" oder „pervers" bezeichneten. Viele von uns wußten, daß Homosexuelle oralen und analen Sex praktizierten (wir fanden dieses Verhalten unnormal, weil wir Homosexualität für unnormal hielten), aber wir waren uns überhaupt nicht darüber einig, ob oraler und analer Sex zwischen Ehepartnern auch als „unnormal" und „pervers" anzusehen war. Da wir keinen Erwachsenen fragen konnten (was wußten Erwachsene schon von Sex!), blieb uns nur übrig, Vermutungen anzustellen. Dabei übernahmen wir nicht selten Einstellungen, die schon im 19. Jahrhundert aufgekommen waren und sich immer noch hielten.

Zu diesen falschen Annahmen zählte beispielsweise die, daß oraler und analer Sex Krebs und andere entsetzliche Krankheiten verursachen könnte. Damals wußte man natürlich noch nichts von der echten Gefahr einer AIDS-Übertragung. Der Historiker Vern L. Bullough erwähnt ein interessantes Beispiel für irrtümliche Annahmen dieser Art:

„In einem Handbuch zur Sexualität aus dem späten 19. Jahrhundert wurde der Fall einer Frau geschildert, deren Mann ‚die gefährliche Angewohnheit hatte, seine Frau durch Stimulierung ihrer Genitalien mit Zunge und Lippen zum Orgasmus zu bringen.‘ Die unvermeidlichen Folgen waren Gastralgie (Magenschmerzen) und ‚chronische Erschöpfung‘ der Frau. Ihr Arzt mußte sie schließlich warnen, daß ihr Leben in Gefahr wäre, wenn ihr Mann mit dieser schlechten Angewohnheit nicht aufhörte. Der Arzt klärte sie darüber auf, daß Cunnilingus (Stimulation der Vulva und der Klitoris durch den Mund des Partners) und Fellatio (Stimulation des Penis durch den Mund des Partners) Zungenkrebs verursachen und analer Geschlechtsverkehr noch größere Leiden zur Folge haben würde. Die größte Gefahr aber läge darin, daß die Kinder von Eltern, die solche ‚perversen‘ Angewohnheiten hatten, mit perversen Instinkten geboren würden.“[1]

Heute halten wir solche Behauptungen vielleicht für weit hergeholt und sogar für amüsant, doch zwingt uns die Realität von AIDS, in unserer Diskussion von analem und oralem Sex medizinische Überlegungen wieder zu berücksichtigen. Keinesfalls aber wollen wir moralische Argumente mit medizinischen vermischen und werden deshalb versuchen, beide Betrachtungsweisen getrennt zu halten. Daß dieses Kapitel etwas kürzer als die anderen ist, liegt hauptsächlich daran, daß nur wenige unserer Interviewpartner orale und anale Sexpraktiken unter einem moralischen Gesichtspunkt betrachteten. Für die meisten war das keine Frage der Moral, sondern eine sexuelle Ausdrucksweise, die nur das Paar etwas anging. Welche kulturellen und historischen Faktoren prägten nun diese heutige Einstellung?

In vielen kulturellen und religiösen Traditionen waren anale und orale Sexpraktiken nicht nur erlaubt, sondern wurden sogar gefördert. In Indien zum Beispiel waren zwar einige führende Hindus offiziell gegen oral-genitalen Kontakt; in den erotischen Anleitungsbüchern dieser Zeit aber wurden solche Sexualpraktiken detailliert beschrieben.[2] In diesen erotischen Büchern des 11. und 12. Jahrhunderts wurde auch offen über die erotische Attraktion unterschiedlicher Körperteile beim Geschlechtsverkehr gesprochen:

„In den Handbüchern wird immer wieder betont, daß die sexuelle Erregbarkeit von mehreren Dingen abhängt; dazu gehört auch die Stimulierung bestimmter Körperteile. Diese Stimulierung ist Sache des Mannes; er muß sich genau darüber informieren, wo sich die erogenen Zonen der Frau, Brüste, Brustwarzen, Nacken, Falten des Gesäßes, Labia und Klitoris befinden. Die erogenen Zonen, die in der Sanskrit-Literatur am meisten hervorgehoben werden, sind die weibliche Schamgegend, Gesäß und Anus, Teile des weiblichen Körpers, die als besonders schön und aufregend galten. Die Hinterteile verschiedener legendärer Schönheiten sind in klassischen Büchern plastisch beschrieben und werden auch in verschiedenen Volkserzählungen dieser Zeit erwähnt."[3]

Ausführliche Beschreibungen des Sexualverhaltens in anderen kulturellen Traditionen westlicher, östlicher und antiker Zivilisationen, einschließlich Chinas, Indiens, des islamischen Kulturkreises und Afrikas enthält die Arbeit von Bullough, die unserer Meinung nach beste Untersuchung über die Varianten sexuellen Verhaltens in verschiedenen Kulturen, die heute zur Verfügung steht.

Weder im Alten noch im Neuen Testament finden sich eindeutige Hinweise auf analen oder oralen Sex. Vielleicht lassen sich verschiedene Schlüsse aus den Textstellen ziehen, wo von homosexuellen Kontakten die Rede ist, aber ganz offensichtlich beziehen sich diese nur auf das sexuelle Verhältnis zweier Männer. Die Einstellungen der frühen Christen zu oralen und analen sexuellen Praktiken verheirateter Paare, ob moralisch erwünscht oder nur geduldet, sind nicht überliefert. Erst im fünften Jahrhundert unternahm der Kirchenlehrer Augustinus den Versuch, „unnatürliches" menschliches Sexualverhalten zu definieren. Auch hier galt wieder das Prinzip, daß Geschlechtsverkehr in der Ehe gut war, sofern er zur Empfängnis führte. Bullough schreibt dazu:

„Alles andere (sexuelle Praktiken, bei denen der Penis nicht nur für Ejakulationen in die Vagina benutzt wurde) ging gegen die Natur, da der Penis nur für einen Zweck bestimmt war, die Befruchtung. Augustinus' Definition (vom ‚unnatürlichen' Sexualverhalten) würde dann jegliche Sexpraktiken einschließen, die nicht zur Empfängnis führen, wie den Gebrauch von Verhütungsmitteln, analen Geschlechtsverkehr, Masturbation, Homosexualität, Coitus interruptus, Geschlechtsverkehr mit Tieren, oral-genitale Kontakte und anderes. Augustinus schuf damit die geistige Grundlage für die Überzeugung, daß mit diesen Sexualpraktiken gegen die Natur gesündigt würde, eine Einstellung, die sich später in den Gesetzen gegen Verbrechen wider die Natur niederschlug."[4]

Die judäo-christliche Tradition scheint keine eindeutige moralische Position zum Oral- oder Analverkehr von Eheleuten zu kennen – außer daß ein solches Verhalten in die Kategorie der Sexualpraktiken fällt, die nicht eine Schwangerschaft zum Ziel haben. Jüdische und christliche Theologen scheinen sich kaum Gedanken über die moralischen Aspekte dieser Verhaltensweisen zu machen, solange sie innerhalb der Ehegemeinschaft stattfinden; für Unverheiratete sind sie natürlich verboten. Pater Corr erklärt dazu:

„Auch hier kommt es in erster Linie auf die Absicht an. Die offizielle Einstellung der Kirche geht dahin, daß Oralsex und sogar Analsex an sich noch nicht unbedingt Sünde sind, wenn sie nur im Rahmen des sexuellen Vorspiels stattfinden und das sexuelle Beisammensein schließlich in der Ejakulation des Mannes in die Scheide der Frau endet, damit eine Befruchtung stattfinden kann. Wenn diese Absicht nicht dahinter steht, muß ein solches Sexualverhalten als Sünde bezeichnet werden. Außerhalb der ehelichen Gemeinschaft sind solche Praktiken natürlich verboten. Aus der Absicht kann man also, wie bei der Frage der Masturbation, erkennen, ob es sich um Sünde handelt oder nicht."

In den 40er Jahren fand Kinsey in seiner Untersuchung heraus, daß man verschiedene heterosexuelle Praktiken, besonders zwischen Ehepartnern, toleranter beurteilte; unter den Unverheirateten galt dies mehr für Männer als für Frauen.[5] Allmählich wurden Gesetze, die in das Verhalten zweier Erwachsener eingriffen, das sich auch im gegenseitigen Einverständnis regeln ließ, abgeschafft. Generell galt jedoch, daß über diese sexuellen Verhaltensweisen selten diskutiert wurde. Heute hat allerdings die Bedrohung durch AIDS vieles verändert. Analsex scheint die sexuelle Technik zu sein, durch die AIDS am häufigsten von einer Person auf die andere übertragen wird. Analsex ist zwar kein Fall mehr für die Gerichte, muß aber wieder von denjenigen sorgfältig überdacht werden, die ein solches Verhalten praktizieren. Mediziner sind sich der Gefahr dieser Art der AIDS-Übertragung bewußt, und jeder, der ein solches Sexualverhalten bevorzugt, sollte sich gründlich informieren. Ob der oral-genitale Sexualkontakt ähnlich gefährlich ist, konnte bislang noch nicht eindeutig geklärt werden.

Nur wenige unserer Interviewpartner hatten etwas zur Moral oder Unmoral von Anal- und Oralsex beizutragen. Die häufigste Antwort lautete: „Ich kann mich nicht erinnern, jemals etwas zu diesem Thema gehört zu haben." Einige unserer Befragten, die streng religiös erzogen worden waren, hatten manchmal in der katholischen Schule etwas über diese Themen erfahren. Ein junger Mann berichtet:

„In der katholischen Oberschule wurde im Sexualkundeunterricht auch über Analverkehr gesprochen und zwar, daß es sich dabei um eine Abweichung vom Normalen handelte; gemeint war damit, daß du pervers bist, daß du nicht ganz ‚richtig im Kopf' bist, wenn du so etwas tust. Der Lehrer sagte allerdings nur, daß vor allen Dingen Homosexuelle solche Praktiken anwenden, manchmal auch heterosexuelle Paare; viel mehr wurde nicht darüber gesagt. Moralische Fragen wurden dabei nicht angesprochen."

Irgend etwas scheint nicht zu stimmen, wenn im Unterricht zwar sexuelle Fragen angesprochen werden, ohne jedoch die Frage der Moral zu berücksichtigen. Auf den Schüler muß das verwirrend wirken. Wir möchten an dieser Stelle nochmals betonen, wie wichtig es für den jungen Menschen ist zu wissen, was für eine moralische Einstellung die eigene Religion zu sexuellen Fragen hat. Nur so kann er einen Maßstab finden, mit dessen Hilfe er Entscheidungen zu treffen vermag. Am Beispiel des Lehrers, der Menschen als „pervers" oder „gestört" abstempelt, die anale oder orale Sexualpraktiken bevorzugen, wird deutlich, wie notwendig es ist, Lehrer für das Fach Sexualkunde entsprechend auszubilden, bevor man sie auf junge, leicht beeinflußbare Menschen losläßt.

Die junge Frau,die im folgenden zu Wort kommt, spricht für viele, die nie über Anal- oder Oralverkehr aufgeklärt und mit entsprechenden moralischen Maßstäben konfrontiert wurden:

„Ich habe weder von meinen Eltern noch im Rahmen meiner religiösen Erziehung etwas über oralen Sex erfahren, geschweige denn, ob es moralisch richtig oder falsch ist. Ich kann mich nicht erinnern, daß jemand sich die Mühe gemacht hätte, mich auf diesem Gebiet aufzuklären. Als Teenager war ich dabei, als meine Freundinnen darüber sprachen; ich fand die Vorstellung einfach widerlich. Ich hatte ja keine Ahnung, daß Leute so etwas machen. Ich glaube, daß meine Religion auch dagegen wäre, denn für die gibt es ja nur die Missionarsstellung beim Geschlechtsverkehr. Genauso ist es mit analem Sex. In meiner Familie oder im Rahmen der Kirche wurde nie darüber gesprochen. Ich erfuhr davon erst durch meinen Freund."

Eine andere junge Frau hatte mit ihren Eltern nie über Sex gesprochen, weder über verschiedene Methoden noch über moralische Überlegungen im Hinblick auf sexuelle Praktiken:

„Ich hatte zwar von oralem Sex gehört, wußte aber eigentlich nie genau, was das war. Im College sah ich schließlich Abbildungen in Büchern über menschliche Sexualität. Ich nahm die Bücher mit nach Hause, versteckte sie aber, weil ich nicht wollte, daß meine jüngeren Schwestern sie sahen. Ich hatte weniger Angst, daß sie meiner Mutter etwas davon sagten, als daß sie mir Fragen stellen und mit mir darüber sprechen wollten. Ich will aber mit ihnen nicht über Sex sprechen. Ich glaube zwar, daß ich es sollte, weil meine Eltern es nicht tun, aber es ist mir sehr unangenehm und peinlich."

Wenn Eltern sich weigern, ihren Kindern sexuelles Wissen zu vermitteln, müssen sie sich darüber im klaren sein, daß sie ihnen damit auch keinerlei moralische Hilfen in bezug auf Sexualverhalten mitgeben. Es ist nahezu unmöglich, Kindern und Jugendlichen moralische Maßstäbe für sexuelle Verhaltensweisen vernünftig nahezubringen, ohne deutlich zu machen, um was für eine Art von Sexualpraxis es sich handelt. Eine junge

Frau aus Puerto Rico erinnerte sich an die folgende Episode:

„Ich habe nur einmal jemanden über oralen Sex sprechen hören, als ich noch ein Teenager war. Ich war zufällig im Wohnzimmer, als meine Mutter und ihre Freundinnen sehr ärgerlich über eine bestimmte Frau sprachen. Sie machten sie schlecht und nannten sie, was man grob übersetzt ‚Trompeter' nennen könnte. Dann sah meine Mutter mich, und es war ihr offensichtlich sehr peinlich, daß ich das gehört hatte. Sie wechselten schnell das Thema, und mir wurde auch erst viel später klar, daß sie von oralem Sex gesprochen hatten."

Eine Frau, Mitte Dreißig, erzählte folgendes:

„Ja, meine Mutter sagte mir schon, daß oraler Sex falsch war. Ich war damals in der Oberschule, hatte zum ersten Mal von oralem Sex gehört und ihr davon erzählt. Sie fand das ganz schrecklich, meinte, es sei unrecht und falsch, und ich konnte merken, daß sie dieses Thema irgendwie widerlich fand. Sie sagte nicht, daß es von einem religiösen Standpunkt aus unrecht sei oder etwa ungesund, sondern nur, daß sie solche Praktiken abscheulich fände. Auch in meiner Bibelstunde oder im Unterricht wurde nicht über Anal- und Oralverkehr gsprochen. Als wir in der Bibelstunde über Sodom sprachen, erklärte uns keiner den Zusammenhang zwischen Sodom und Sodomie; in Sodom passierten eben üble Dinge, aber Einzelheiten wurden übergangen. Die anderen, die an dem Bibelworkshop teilnahmen, waren nicht besonders an körperlichen Dingen interessiert, und sie mochten auch nicht darüber sprechen. Ich hatte keine Ahnung, daß es sowas wie Analverkehr überhaupt gab, bis ich in der Oberschule ein paar Homosexuelle kennenlernte. Zu dem Zeitpunkt war meine Sexualerziehung durch Freunde schon ziemlich weit fortgeschritten; ich war in sexuellen Dingen sehr liberal eingestellt; man hatte mir beigebracht, daß eigentlich jede Art von Sexualverhalten o.k. war."

An dieser Stelle müssen wir nochmals darauf hinweisen: Verschiedene sexuelle Praktiken können die Übertragung von AIDS begünstigen, vor allem dann, wenn es um Sex außerhalb einer monogamen Beziehung geht. In den 60er und 70er Jahren hatte sich die Einstellung verbreitet, daß jegliche Art von Sex zwischen Erwachsenen erlaubt sei, sofern beide Partner damit einverstanden waren. In diesem Buch geht es uns im wesentlichen um die moralische Beurteilung verschiedener sexueller Verhaltensweisen, und nicht um die möglichen gesundheitlichen Folgen von oralem und analem Sex. Auf der anderen Seite würden wir selbst unmoralisch handeln, wenn wir ernsthafte gesundheitliche Konsequenzen bestimmter Handlungen einfach ignorierten.

Zusammenfassend kann festgehalten werden, daß oraler und analer Sex den meisten Ehepaaren keine besonderen moralischen Probleme zu bereiten scheinen. Es handelt sich eher um eine Abwechslung im Sexualalltag. Wenn einer unserer Gesprächspartner etwas Negatives darüber zu sagen hatte, ging es immer um das ästhetische Empfinden oder körperliche Beschwerden, aber nie um Fragen der Moral. Oraler und analer Sex bei Nicht-Verheirateten wirft für die meisten die gleichen moralischen Fragen auf wie normaler Geschlechtsverkehr.

Die meisten der von uns befragten jungen Menschen sind sexuell aufgeklärt worden, bevor sie lernten, wenn überhaupt, moralische Entscheidungen in bezug auf ihr Sexualverhalten zu treffen. Falls mit ihnen über moralische Maßstäbe diskutiert wurde, fand das meist erst dann statt, nachdem sie bereits erste sexuelle Erfahrungen gemacht hatten. Unsere jungen Interviewpartner hatten von Eltern, Schule oder Kirche so gut wie nie etwas zu dem Thema Anal- und Oralverkehr erfahren;

selbst schlichte Verbote wurden nicht ausgesprochen, wie es bei den Themen Masturbation, Nacktheit und Sex unter Nicht-Verheirateten der Fall gewesen war. Liegt das daran, daß man die moralischen Fragen in bezug auf Anal- und Oralverkehr nicht von denen, die Sex unter Nicht-Verheirateten betreffen, trennt? Liegt es daran, daß sich Eltern und Erzieher nicht vorstellen können, daß ihre Teenager ein solches Sexualverhalten praktizieren? Oder liegt es daran, daß es Eltern und Erziehern peinlich ist, über solche Themen mit jungen Leuten zu sprechen? Wir wissen es nicht. Wir können nur betonen, daß moralische Erziehung in bezug auf diese und alle anderen sexuellen Verhaltensweisen mit einer gründlichen Aufklärung über die körperlichen Aspekte der Sexualität einhergehen muß.

Die moralischen Maßstäbe für Anal- und Oralverkehr dürfen jedoch nicht mit medizinischen Argumentationen und Angst vor AIDS verwechselt werden. Die medizinische Realität ist unanfechtbar und gilt für jeden, auf die moralischen Fragen dagegen muß jeder für sich selbst eine Antwort finden.

Anmerkungen

1 Bullough, Vern L.: Sexual Variance in Society and History. New York 1976, S. 547
2 Ebd., S. 261–263
3 Ebd., S. 252
4 Ebd., S. 355
5 Kinsey, Alfred u. a.: Sexual Behavior in the Human Female. Philadelphia 1948, S. 369–371 (dt. Übers.: Das sexuelle Verhalten der Frau. Berlin–Frankfurt/M. 1963)

Homosexualität

Von allen Themen, die wir in diesem Buch behandeln, ist Homosexualität dasjenige, auf das die Menschen – neben dem der Abtreibung – emotional am stärksten reagieren und das sie am meisten beunruhigt. Die Angst vor AIDS macht die Beschäftigung mit Homosexualität noch dringlicher.

Homosexuelle befinden sich in einem moralischen Dilemma. Während Heterosexuelle die Wahl haben, entweder auf den richtigen Partner zu warten oder schon vor der Ehe aktiv zu werden, gibt es für Homosexuelle dagegen vorläufig noch nicht so etwas wie eine eheliche Gemeinschaft, die von Kirche und Gesellschaft anerkannt würde. Sie haben diese Wahl also nicht. Im folgenden werden wir sehen, daß Homosexuelle ihre sexuelle Orientierung nicht frei gewählt haben, und daß sie sich auch nicht einfach entscheiden können, ihre sexuellen Wünsche auf eine Beziehung zu beschränken, die gesellschaftlich sanktioniert ist. Um Homosexuellen zu ermöglichen, die gleichen moralischen Entscheidungen selbstverantwortlich zu treffen wie Heterosexuelle, müßte erst das traditionelle moralische Glaubenssystem dahingehend abgeändert werden, daß der körperliche Ausdruck der Liebe zu dem Partner in einer homosexuellen Beziehung als ebenso moralisch anerkannt wird wie der in einer heterosexuellen Beziehung. Wie wir sehen werden, ist das kein einfaches Unterfangen. Für eine homosexuelle Orientierung sind immer wieder drei durchaus kontroverse Gründe angeführt worden, über die auch heute noch diskutiert wird:

- Ein Mensch ist homosexuell, weil er oder sie als Jugendliche freiwillig mit solchen Sexualpraktiken experimentiert hat, sich daran gewöhnte und sie nun anderen vorzieht.
- Ein Homosexueller ist psychisch krank; die Ursache dieser Krankheit läßt sich durch psychiatrische Behandlung analysieren und beseitigen.
- Die homosexuelle Orientierung eines Menschen ist genetisch festgelegt, lange bevor gesellschaftliche Einflüsse und emotionale Bindungen überhaupt eine Rolle spielen.

Noch immer ist nicht eindeutig bewiesen, welche der obigen Erklärungen zutrifft; die Untersuchungsergebnisse der letzten Jahre sprechen allerdings eher für die letzte der drei Erklärungen: Der Homosexuelle kann seine sexuelle Orientierung ebensowenig wählen wie der Heterosexuelle. Ein Mensch kann ebensowenig in Richtung Homosexualität beeinflußt werden wie in Richtung Heterosexualität. Ein Homosexueller ist ebensowenig psychisch krank wie ein Heterosexueller.

Seit der frühen Menschheitsgeschichte hat es in den verschiedensten Kulturen Homosexualität gegeben. In manchen war sie in einem Maße akzeptiert, daß man Männer, die nicht homosexuell aktiv waren, für unnormal hielt.[1] Offensichtlich waren diese Männer jedoch nicht nur mit Männern sexuell zusammen. Hatte es sich bei ihnen um Homosexuelle gehandelt, die nur zum Zwecke der Fortpflanzung mit Frauen zusammenkamen, oder waren diese Männer heterosexuell und aus irgendeinem Grund nur hin und wieder homosexuell aktiv? Widerspricht dies nicht in jedem Fall unserer Vermutung, daß ein Mensch als Homosexueller „geboren" wird? Nicht unbedingt, denn es gibt noch eine andere Annahme, die die Frage der Homosexualität unter Umständen etwas komplizierter macht, nämlich die der bisexuellen Orientierung.

Im allgemeinen wird angenommen, daß man entweder homosexuell oder heterosexuell ist, je nachdem, ob man sich gleichgeschlechtliche oder andersgeschlechtliche Sexualpartner sucht. Doch so einfach ist das nicht. Es gibt viele Menschen, die mit Partnern beider Geschlechter sexuell verkehren; andere fühlen sich zwar zu Männern und zu Frauen hingezogen, entscheiden sich dann aber für eine feste Beziehung mit einem Menschen, entweder desselben oder des anderen Geschlechts, während wieder andere ganz auf Sex verzichten, weil sie diese Wahl nicht treffen können. Die Gesellschaft bezeichnet einige dieser Menschen als heterosexuell, andere als homosexuell, obgleich sie alle in Wirklichkeit bisexuell sind. Das ist verwirrend, aber wir müssen über Bisexualität Bescheid wissen, um das Thema Homosexualität überhaupt behandeln zu können. Aufgrund seiner umfassenden Untersuchungen kam Alfred Kinsey 1948 zu folgendem Ergebnis:

„Die Berichte der Menschen, die an der jetzigen Untersuchung teilgenommen haben, machen deutlich, daß viele sich nicht eindeutig auf Heterosexualität oder Homosexualität festlegen konnten. Es gibt natürlich Menschen in der untersuchten Population, deren körperliche und psychische Reaktion generell heterosexuell war, ebenso wie es Menschen gibt, die nur homosexuelle Reaktionen zeigten. Ein erstaunlich großer Prozentsatz aber hatte sowohl homosexuelle als auch heterosexuelle Erfahrungen gemacht und wies entsprechende psychische Reaktionen auf. Es gibt zum Beispiel Menschen, die im selben Jahr, im selben Monat, manchmal sogar in derselben Woche oder auch am selben Tag homosexuell und heterosexuell aktiv sind."[2]

Kinsey und seine Kollegen zogen daraus die Schlußfolgerung:

„Es gibt nicht zwei voneinander getrennte Populationen unter Männern, die Heterosexuellen und die Homosexuellen. Man kann die Welt nicht in Schafe und Ziegen aufteilen oder alles nur schwarz/weiß sehen. Es gehört zum taxonomischen Grundwissen, daß es in der Natur nur selten streng voneinander getrennte Kategorien gibt. Der menschliche Geist erfindet diese Kategorien und versucht dann, die Tatsachen mit aller Gewalt diesen Kategorien zuzuordnen. Die lebendige Welt besteht aber aus kontinuierlichen Schattierungen und Übergängen, gleichgültig, mit welchem ihrer Phänomene man sich beschäftigt. Je eher wir das auch für den Bereich der menschlichen Sexualität akzeptieren, desto eher können wir die Realitäten von Sexualität verstehen."[3]

Kinsey entwickelte eine aus sieben Punkten bestehende Skala, an der hetero- und homosexuelle Tendenzen von 4275 Männern im Alter zwischen 16 und 55 gemessen wurden. Nach sorgfältiger Analyse der Daten kam er unter anderem zu folgendem Ergebnis:

„Da sich nur 50 Prozent der männlichen Population, verheiratet und unverheiratet, als ausschließlich heterosexuell herausgestellt haben und nur 4 Prozent als ausschließlich homosexuell, sieht es so aus, als ob beinahe die Hälfte der männlichen Bevölkerung im Verlauf ihres Lebens homosexuell und heterosexuell aktiv ist beziehungsweise auf Personen beiderlei Geschlechts sexuell reagiert."[4]

Offensichtlich beruhen viele Ansichten und Aussagen über Homosexualität auf zweifelhaften und irrtümlichen Annahmen. Einige dieser falschen Vorstellungen sollten unbedingt berichtigt werden. Zum Beispiel, daß nicht bereits derjenige als Homosexueller bezeichnet werden kann, der ein paarmal mit einem gleichgeschlechtlichen Menschen sexuell zusammen war. Viele Männer und Frauen experimentieren aus Neugierde mit homosexuellem Verhalten oder tun sich mit einem gleichgeschlechtlichen Partner zusammen, weil ein Partner des anderen Geschlechts nicht zur Verfügung steht. Dennoch würden sie das andere Geschlecht vorziehen und fühlen sich auch hauptsächlich von ihm angezogen. Zum Beispiel, daß viele, wenn nicht die meisten Kinder und Jugendlichen im Verlauf ihrer Entwicklung und Identitätsfindung homosexuell aktiv sind, was aber nicht bedeutet, daß sie als Erwachsene gleichgeschlechtliche Partner bevorzugen werden. Einige werden sich in diese Richtung entwickeln, die meisten jedoch nicht. Schließlich sollten homosexuelle Verhaltensweisen, selbst wenn sie von eigentlich heterosexuellen Menschen gezeigt werden, nicht als „unnormal" bezeichnet werden. Dazu treten sie zu häufig auf, und immer mehr Psychologen und Psychiater sind heute der Meinung, daß Homosexualität keine psychische Krankheit ist.

Kinsey hatte damals gesicherte Beweise für etwas erbracht, was vielen Menschen auch heute noch nicht klar ist und sie deshalb verunsichert: Manche Menschen sind grundsätzlich heterosexuell eingestellt, suchen sich aber aus den verschiedensten Gründen hin und wieder einen gleichgeschlechtlichen Partner; das allein macht sie aber noch nicht zu Homosexuellen. Der echte Homosexuelle drückt in seinem ganzen Lebensstil seine sexuelle Orientierung aus, er fühlt sich zu Gleichgeschlechtlichen hingezogen, seine sexuelle Identität und sexuellen Verhaltensweisen sind hauptsächlich homosexuell, und das nicht nur aus Neugier: Er weiß und fühlt, daß er homosexuell ist und daß er seine sexuelle Orientierung genausowenig ändern kann wie ein Heterosexueller.

In der Bevölkerung als Ganzes ist homosexuelles Verhalten relativ häufig zu finden, häufiger als ursprünglich angenommen. Manche Menschen wählen dieses Verhalten freiwillig, aus einer Art Neugier heraus, auf der Suche nach einer interessanten Abwechslung. Ein Teil der Bevölkerung hat diese Wahl jedoch nicht. Diese Menschen leben gemäß ihrer sexuellen Orientierung, die ihnen von der Natur mitgegeben wurde, und sträuben sich nicht dagegen. Selbst wenn wir diese Tatsachen akzeptieren, bleibt unklar, ob eine spezifische homosexuelle Handlung oder auch eine homosexuelle Identität, an moralischen Maßstäben gemessen, „recht" oder „unrecht" ist. Vielleicht kann uns ein Ausflug in die Geschichte hier weiterhelfen.

Die antiken Griechen schienen Homosexualität unter Männern nicht nur zu tolerieren, sondern regelrecht zu idealisieren.[5] Auch die Menschen des alten Roms akzeptierten männliche Homosexualität als natürlichen Bestandteil des sinnlichen Lebens eines Mannes, obgleich dieses Verhalten in der römischen Kultur nicht so fest verankert zu sein schien wie in der griechischen, wo Homosexualität und Sinnlichkeit unter jungen Männern große Bedeutung zukam.[6] Das biblische Gesetz für die Juden war dagegen strikt ablehnend: „Du sollst nicht bei einem Mann liegen wie bei einer Frau; es ist ein Greuel." (Levitikus 18:22) Interessanterweise wird niemals die Möglichkeit erwähnt, daß Frauen „bei einer Frau liegen." Der Anthropologe Raphael Patai schreibt:

„Erstaunlicherweise wird im Gesetz des Levitikus, wie auch im Rest der Bibel, weibliche Homosexualität nie erwähnt, obgleich Männer und Frauen über die Schändlichkeit von Geschlechtsverkehr mit Tieren aufgeklärt werden. Weibliche Homosexualität muß es bei den alten Hebräern gegeben haben, ebenso wie es im alten Griechenland der Fall war und wie es heute noch unter Frauen des Mittleren Ostens verbreitet ist. Es sieht aber so aus, als ob man homosexuelles Verhalten unter Frauen für unwichtig hielt, eine Angelegenheit von Frauen, die für Männer nicht von Interesse war."[7]

Patai betont allerdings auch die Notwendigkeit, „zwischen der gesetzlichen Einstellung und der Haltung, die das Volk zur Homosexualität einnahm", sorgfältig zu unterscheiden:

„Trotz der Gesetze war Homosexualität unter Männern in biblischen Zeiten weit verbreitet (...). Homosexuelles Verhalten war vielleicht nicht so generell akzeptiert wie im alten Griechenland, aber die allgemeine hebräische Bevölkerung mißbilligte es ganz sicher nicht."[8]

In zwei biblischen Geschichten werden ähnliche Vorfälle beschrieben, einmal im Zusammenhang mit Sodom (Genesis 19:4–8), das andere Mal mit Gibea (Buch der Richter 19:22–26). In beiden kommt eine Horde von Männern zu einem Haus und verlangt, daß der männliche Gast (bzw. die zwei Engel in Sodom) herausgegeben wird, damit sie mit ihm Sex haben können. Der Hausherr weigert sich, seinen Gast (oder die Gäste) auszuliefern, und bietet dem Mob statt dessen ein (oder zwei) Frauen an. Patai schreibt dazu:

„... es gibt keinen Hinweis darauf, daß die Sitten dieser beiden Örtlichkeiten sich sehr von denen in anderen Städten und

Dörfern in Kanaan und Israel unterschieden. Selbst die Autoren dieser Abschnitte im Alten Testament, in denen die Vorfälle in Sodom und in Gibea beschrieben werden, Männer, die später und zu Zeiten gelebt haben, als Menschen mit strengeren moralischen Maßstäben homosexuelle Praktiken voller Abscheu verurteilt hätten, sagen nichts gegen Homosexualität an sich. Was sie verurteilen und verabscheuen, ist die beabsichtigte Schändung der fremden Gäste durch die Mobs von Sodom und Gibea. Das wäre ein Akt der Vergewaltigung gewesen, eine ebenso große Sünde wie die Vergewaltigung einer Frau, ja sogar noch schlimmer, weil dadurch auch die heilige Institution der Gastfreundschaft verletzt worden wäre."[9]

Patais Ausführungen machen deutlich, daß in den beiden biblischen Geschichten die Grausamkeit von Menschen verurteilt wird, die brutale Handlung der Vergewaltigung, nicht aber homosexuelles Verhalten an sich. Wenn das der Fall ist, warum gab es dann die strengen biblischen Gesetze gegen Homosexualität? William Graham Cole bietet dazu folgende Erklärung an:

„Homosexualität galt den Hebräern und den ersten Christen als Sünde und Verbrechen. Diese Einstellung verbreitete sich in der gesamten westlichen Zivilisation. Es ist nicht eindeutig, warum man sich so vehement gegen gewisse sexuelle Praktiken wandte, die offensichtlich nur einen winzigen Teil der Bevölkerung betrafen. Das hebräische Volk mußte mit einer rauhen Umwelt und mit den Bedrohungen durch andere nomadische Stämme fertigwerden. Vielleicht mußte es deshalb dafür sorgen, daß jegliche sexuelle Aktivität auf Fortpflanzung ausgerichtet war; vielleicht zeigte sich hier eine Art von wirtschaftlichem Determinismus.

Eine etwas wahrscheinlichere Theorie, wahrscheinlicher, weil es dafür im Alten Testament gewisse Hinweise gibt, bringt die Ablehnung von Homosexualität mit alten religiösen Bräuchen in Zusammenhang. Die heidnischen Nachbarn der Israeliten im fruchtbaren Gebiet von Euphrat und Tigris verwendeten männliche Prostituierte in ihren Riten, in denen sie

Sexualität als kreatives Prinzip der Natur verehrten. Möglicherweise haben die religiösen Anführer des hebräischen Volkes aus diesem Grund Homosexualität mit Götzenverehrung assoziiert, und das reichte aus, um dieses Verhalten zu verdammen."[10]

Im Neuen Testament finden sich ähnlich strenge Einstellungen; Homosexualität wird als Sünde verdammt (Korinther I 6:9; Römer I:27). Cole weist darauf hin, daß der Apostel Paulus

„(...) Homosexualität auf Götzenverehrung zurückführte, auf die Unfähigkeit, Gott zu erkennen (...). Ein falsches Verständnis von Gott aber führt zu einem falschen Verständnis der eigenen Person und der eigenen Rolle im Leben (...). Unklarheit auf einem Gebiet muß notwendigerweise zu Unklarheit auf dem anderen führen."[11]

„Beweisführungen" dieser Art beruhen auf der Annahme, der Mensch könne sich frei entscheiden, homosexuell zu sein oder nicht. Wenn Menschen ihre sexuelle Orientierung jedoch nicht frei wählen können, entsteht daraus ein Dilemma.

Einige Geistliche sind sich dieser Probleme bewußt, meinen aber, daß ihre Religion auf diesem Gebiet keine andere Position zuläßt. Pfarrer Robert Schuller aus Kalifornien berichtete uns, wie er damit umgeht:

„Ich unterstütze die traditionelle Position sexueller Moral vollkommen. Ich bin wie unsere Kirche gegen sexuelle Aktivitäten außerhalb einer liebevollen, festen Beziehung zwischen zwei Menschen, und die einzige Beziehung, die wir als solche anerkennen, ist die eheliche Verbindung. Das könnte nicht nur eine Ehe zwischen Mann und Frau, sondern auch eine Ehe zwischen zwei Männern sein. Unsere Lehren aber basieren auf der Autorität der Bibel, und weder im Alten noch im Neuen Testament gibt es einen Hinweis darauf, daß eine Ehe zwischen zwei gleichgeschlechtlichen Menschen erlaubt ist. Wenn wir also ein neues Mitglied in unsere Kirche aufnehmen und wir auf dieses Problem zu sprechen kommen, sage ich ihm: ‚Sie können ein gutes Mitglied unserer Kirche sein, unabhängig von Ihrer sexuellen Orientierung, solange Sie sich daran halten, daß Sex außerhalb der Ehegemeinschaft nicht erlaubt ist.'

Es ist schon passiert, daß der eine oder andere zu mir kam und sagte: ‚Ich bin homosexuell, darf ich zu Ihrer Kirche gehören?' Und sie fügen dann noch schnell hinzu: ‚Aber ich lebe ohne Geschlechtsverkehr, ich lebe enthaltsam, ich masturbiere, aber ich habe keinen Sex mit einem anderen Menschen.' Das ist in Ordnung; wir haben nichts dagegen, wenn jemand sexuellen Druck durch Masturbieren erleichtert."

Andere Geistliche sind der Überzeugung, daß man sich nicht nur auf frühere Interpretationen der Heiligen Schrift verlassen darf. Pfarrer Foster McCurley von der Lutherischen Kirche ist Mitglied einer Sonderarbeitsgruppe, die sich mit der Situation der Homosexuellen befaßt. Er erklärt: „Wenn man es sich genau überlegt (...), nimmt uns die Bibel nicht die ungeheure Verantwortung ab, immer wieder nach der theologischen Wahrheit zu suchen und danach zu streben, für alle Menschen seelsorgerisch da zu sein."[12]

Andere sind in ihren Einstellungen noch radikaler. Die Episkopaldiözese Newark, New Jersey, der Bischof John S. Spong vorsteht, zieht in einem Bericht zum Thema Familie und Sexualität in Erwägung, Homosexuelle in die Kirche aufzunehmen:

„Die Kirche muß lernen, wie sie weiterhin konventionelle Familienbeziehungen unterstützen kann, ohne damit alternative Lebensweisen in bezug auf Familie und Sexualität abzuklassifizieren. Die Kirche muß Wege finden, wie sie auch die Gläubigen unterstützt, die eine andere Lebensweise wählen und in ihren menschlichen Beziehungen Verantwortung zeigen. Die Diözese wird eine Eingabe genauer prüfen, nach der es Priestern erlaubt sein soll, homosexuelle ‚Ehen' zu segnen."[13]

Eine Konferenz von 150 Geistlichen und 360 Laienabgeordneten der Newarker Diözese, die insgesamt 125 Kirchen im nördlichen New Jersey repräsentierte, stimmte für diesen Vorschlag. Die Konferenz hatte sich damit allerdings nur dafür ausgesprochen, daß nichttraditionelle Lebensgemeinschaften, wie zum Beispiel ein homosexuelles Paar oder ein unverheiratetes heterosexuelles Paar gesegnet werden durften, nicht aber dafür, daß Homosexuelle heiraten konnten. Homosexuelle Lebensgemeinschaften wurden zwar von der Kirche anerkannt, konnten aber nicht das Sakrament der Ehe empfangen, was sie anderen Ehegemeinschaften gleichgesetzt hätte.[14]

Wohin diese religiösen Diskussionen führen werden, läßt sich noch nicht genau absehen. Eins aber ist sicher: Der Status quo, der auf rein traditionellen Interpretationen beruht, scheint für unsere heutige Zeit keine befriedigenden Lösungen mehr zu bieten.

Was äußerten unsere Interviewpartner zu diesem Thema? Was hatte man ihnen beigebracht? Eine für unsere Gruppe von Befragten eher ungewöhnliche Reaktion kam von dieser jungen Frau:

„Von meiner Mutter hörte ich eigentlich nie etwas wirklich Negatives über Homosexuelle; sie hatte einen Freund, der homosexuell war, und sagte oft: ‚Was für eine Verschwendung, er war ein so gut aussehender Mann!' Mein Vater dagegen hält Homosexualität für eine psychische und emotionelle Krankheit. Ich fühle mich mit Lesbierinnen nicht besonders wohl, männliche Homosexuelle machen mir nichts aus. Eins der Mädchen aus meinem Studentenwohnheim war Lesbierin. Sie war immer freundlich zu mir, und ich war freundlich zu ihr, aber sie hat nie versucht, mir irgendwie näherzukommen. Ich fühlte mich mit ihr unbehaglich, wahrscheinlich, weil ich das Gefühl hatte, daß ihr eine Umarmung, wie sie sonst unter Mädchen üblich ist, etwas anderes bedeutete als uns."

Eine Freundin dieser jungen Frau meinte:

„Männliche Homosexuelle machen mir nichts aus, aber ich bin nicht gern mit Lesbierinnen zusammen. Ich habe als Studentin sogar mit Homosexuellen in einer Wohnung gelebt, und das hat mich nie gestört."

Manchmal wirkt ein Verhalten homosexuell, das aber überhaupt nicht so gemeint ist. In anderen Kulturkreisen gehen Menschen desselben Geschlechts auch anders miteinander um. Eine junge Lateinamerikanerin, die in den USA aufgewachsen ist, berichtete folgendes:

„Niemand hat uns je gesagt, daß junge Mädchen nicht nackt zusammensein und einander berühren dürfen. Man dachte sich nichts dabei. Wenn ich meine Verwandten in der Dominikanischen Republik besuchte, sind wir fünf Mädchen oft gleichzeitig unter die Dusche gegangen, weil es nicht viel Wasser gab. Natürlich waren wir nackt und kamen miteinander in Berührung. Es war nichts dabei, wenn man sich gegenseitig abseifte und dabei auch Brüste und Genitalien berührte. Es waren auch nicht immer nur die weiblichen Mitglieder der engsten Familie zusammen, sondern manchmal entfernte Verwandte, Freundinnen und weibliche Bedienstete. Die Jungen duschten aber nie zusammen, das machte jeder allein. Ich nehme an, daß man Angst hatte, daß sie sonst homosexuell würden; niemand betrachtete das, was wir Mädchen unter der Dusche taten, als homosexuelles Verhalten."

Im Rahmen der sexuellen Entwicklung können homosexuelle Verhaltensweisen auftreten, was nicht bedeutet, daß der junge Mensch später echte homosexuelle Tendenzen zeigt. Eine junge Frau berichtete:

„Einmal schlief ich mit meiner Kousine im selben Bett. Ich war etwa 10, und sie war 12 Jahre alt. Sie legte meine Hand zwischen ihre Beine, und ich legte ihre Hand zwischen meine Beine, und wir spielten nur so herum und fanden, daß es sich angenehm anfühlte. Niemand hat uns dabei erwischt; ich fand es weder moralisch noch unmoralisch, niemand hatte schließlich jemals davon gesprochen."

Homosexuelle „Spiele" dieser Art kommen zwischen Kindern häufig vor. Kinsey und seine Kollegen berichteten schon 1948 von entsprechenden Ergebnissen, als die Gesellschaft der Homosexualität noch sehr viel ablehnender gegenüberstand:

„Etwa die Hälfte der Männer (48%) und beinahe zwei Drittel der vorpubertären Jungen (60%) berichteten von homosexuellen Aktivitäten in der Vorpubertät. Das Durchschnittsalter für den ersten homosexuellen Kontakt lag bei 9 Jahren und 2½ Monaten."[15] „6 Prozent der befragten Frauen und Mädchen erinnerten sich an homosexuelle Spiele, als sie etwa 5 Jahre alt waren, im Alter von 7 Jahren waren es 15 Prozent. Diese Werte stiegen kontinuierlich an und zum Zeitpunkt der Pubertät hatten etwa 33 Prozent Erfahrungen mit homosexuellen Aktivitäten."[16]

Es sieht so aus, als würde die normale sexuelle Entwicklung des Kindes oft auch homosexuelle Spielphasen einschließen. Wenn dem aber so ist, können wir dann homosexuelle Aktivitäten moralisch verurteilen, Aktivitäten, die nur Teil einer normalen menschlichen sexuellen Entwicklung sind?

Haben Eltern heute akzeptiert, daß Menschen schon als Homosexuelle geboren werden und daß es deshalb unerheblich ist, ob ihre Kinder mit homosexuellen Spielen experimentieren? Oder schweigen sich Eltern lieber über das Thema Homosexualität aus und lassen ihre Kinder in Unwissenheit aufwachsen? Das wäre wirklich eine merkwürdige Einstellung für jeden, der meint, daß moralische Maßstäbe für einen Heranwachsenden notwendig sind; und doch sieht es so aus, als ob genau das geschieht. Ein Grund, warum Eltern ihren Kindern meist nur wenig moralische Maßstäbe vermitteln, liegt darin, daß sie selbst nicht wissen, wie sie ihre moralische Einstellung zum Sexualverhalten ihrer Kinder verteidigen sollen. Man könnte sogar vermuten, daß „Homophobie", Angst vor und Haß auf Homosexualität, teilweise von der Unsicherheit und Angst der Eltern herrührt, die wissen, daß homosexuelle Kontakte zwischen Kindern häufig vorkommen.

Eine homosexuelle Handlung ist wie gesagt nicht mit einer homosexuellen Identität gleichzusetzen. Wenn aber die homosexuellen Handlungen von Kindern nicht unmoralisch sind, weil sie einen natürlichen Ausdruck von Spiel und Zuneigung darstellen, wie kann dann eine homosexuelle Handlung zwischen Erwachsenen, die ein normaler Ausdruck ihrer Natur ist, unmoralisch sein?

Die Einstellungen vieler Menschen unserer Gesellschaft zeugen von einer gewissen Widersprüchlichkeit, die aber den wenigsten bewußt ist. Wenn zwei Frauen Hand in Hand gehen, denkt sich niemand etwas dabei. Wenn zwei Männer Hand in Hand gehen, werden sie manchmal tätlich angegriffen. Wenn zwei Frauen zusammen tanzen, dann tanzen sie eben zusammen; wenn jedoch zwei Männer zusammen tanzen, vermutet man sofort, daß sie homosexuell sind. Wenn Eltern sehen, daß ihre heranwachsende Tochter ein anderes

Mädchen umarmt und küßt, reagieren sie anders, als wenn ihr Sohn das gleiche mit einem Jungen täte. Ältere Homosexuelle erinnern sich an Zeiten, in denen homosexuelle Männer verhaftet, Lesbierinnen aber nahezu nie belangt wurden. Dieses Messen mit zweierlei Maß hat durchaus Tradition. Das Vorhandensein unterschiedlicher Einstellungen damals wie heute kann man nur damit zu erklären versuchen, daß schon seit biblischen Zeiten die judäo-christlichen Gesellschaften patriarchalisch geprägt waren und Einstellungen, Sitten und Gesetze solcher Kulturen im allgemeinen nur den Standpunkt des Mannes reflektierten, besonders was die Sexualität betraf.

Die meisten Menschen haben beträchtliche Schwierigkeiten, sich mit dem Thema Homosexualität auseinanderzusetzen. Oftmals spielen dabei falsche Vorstellungen eine große Rolle. Häufig wird angenommen, daß man, wie bei anderen sexuellen Verhaltensweisen auch, sich für oder gegen Homosexualität entscheiden kann. Dafür gibt es jedoch keinerlei Hinweise. Aller Wahrscheinlichkeit nach wird ein Mensch mit einer homosexuellen Orientierung geboren bzw. bildet sich diese in seinen ersten Lebensjahren heraus. Kann man jedoch Homosexualität nach den gleichen moralischen Prinzipien wie andere sexuelle Verhaltensweisen beurteilen, wenn es sich dabei um etwas handelt, das für einen großen Teil der Bevölkerung ein „natürlicher" Zustand ist? Die Ursachen von Homosexualität waren ganz sicher in biblischen Zeiten ebensowenig bekannt wie heute. Es scheint, daß die Bibelstellen, die sich gegen Homosexualität aussprechen, voraussetzen, daß jeder eigentlich heterosexuell sein und sich auch entsprechend verhalten sollte. Wenn man damals bereits gewußt hätte, daß eine sexuelle Orientierung nicht zu verändern ist, wäre Homosexualität dann auch verdammt worden? Müßte der Homosexuelle dann heute immer noch zwischen sexueller Enthaltsamkeit und „Sünde" wählen? Auf diese Frage gibt es leider keine Antwort.

Anmerkungen

1 Ford, Clellan S.: „Culture and Sex". In: Ellis, Albert/Albert Abanel (Hrsg.): The Encyclopedia of Sexual Behavior, Bd. 1. New York 1961, S. 308
2 Kinsey, Alfred u.a.: Sexual Behavior in the Human Male. Philadelphia 1948, S. 639 (dt. Übers.: Das sexuelle Verhalten des Mannes. Berlin – Frankfurt/M. 1964)
3 Ebd.
4 Ebd., S. 656
5 Bullough, Vern L.: Sexual Variance in Society and History. Chicago 1976, S. 100–105
6 Wood, Robert: „Sex Life in Ancient Civilization". In: Ford, a.a.O., S. 125–130
7 Patai, Raphael: Sex and Family in the Bible and the Middle East. New York 1959, S. 168 (dt. Übers.: Sitte und Sippe in Bibel und Orient. Frankfurt/M. 1962)
8 Ebd., S. 169
9 Ebd.
10 Cole, William Graham: Sex and Love in the Bible. New York 1959, S. 343
11 Ebd., S. 361f.
12 Tivnan, Edward: „Homosexuals and the Churches". In: New York Times Magazin, Oktober 11, 1987, S. 89
13 Ebd., S. 91
14 Goldman, Ari L.: „Episcopal Panel Prompts Debate on Gay Couples". In: New York Times, Februar 1, 1988, S. B 3
15 Kinsey u.a.: Sexual Behavior, a.a.O., S. 168
16 Kinsey, Alfred u.a.: Sexual Behavior in the Human Female. Philadelphia 1953, S. 113f. (dt. Übers.: Das sexuelle Verhalten der Frau. Berlin – Frankfurt/M. 1963)

Schlußfolgerungen und Ratschläge

Wahrscheinlich fragen sich einige unserer Leser, welche moralischen Einstellungen wir denn nun zu den verschiedenen Fragen haben, die in diesem Buch angesprochen wurden. Uns ging es in erster Linie darum, auf die Notwendigkeit hinzuweisen, junge Leute auch „moralisch zu bilden". Auf keinen Fall wollen wir beurteilen, was für andere in einer gegebenen Situation moralisch oder unmoralisch ist. Die unterschiedlichen moralischen Maßstäbe verschiedener Religionen, die Tatsache, daß traditionelle Einstellungen von Theologen in Frage gestellt werden sowie die unterschiedlichen religiösen und ethischen Gemeinschaften innerhalb des westlichen Kulturkreises machen es unmöglich, moralische Richtlinien aufzustellen, die für alle gelten. Wir wollten in erster Linie die Notwendigkeit aufzeigen, daß jeder Mensch eine moralische Überzeugung entwickelt und mit einer Reihe von Richtlinien vertraut wird, die ihm als Jugendlichem und auch als Erwachsenem dabei helfen, die richtigen sexuellen Entscheidungen zu treffen. Woraus dieser moralische Kodex besteht, ist weniger wichtig, als daß dem Menschen moralische und ethische Werte schon früh und kontinuierlich anerzogen werden.

Unsere Interviews mit Laien und Professionellen machten eine interessante Parallele deutlich: Während frühere Generationen Schwierigkeiten hatten, offen über Sexualität zu sprechen, hat man heute ähnliche Probleme mit dem Thema Moral. Die Art und Weise, in der man heute etwas über sexuelle Moral erfährt, ähnelt in mancher Beziehung der, wie man früher etwas über Sex erfuhr. (Ein Unterschied besteht allerdings darin, daß Jugendliche früher mit allen Mitteln versuchten, etwas über Sexualität zu erfahren, während sich heute wohl kaum einer sonderlich um moralische Bildung bemüht.) Es würde früher als normal akzeptiert, daß ein junger Mensch eben irgendwie etwas über Sex lernte, sei es, daß er bestimmte Begriffe im Wörterbuch nachschlug, daß er versuchte, ein „Buch für Erwachsene" aus der Bücherei zu schmuggeln, daß er mit Freunden über seine „sexuellen Erfahrungen" sprach (damit angab oder sie leugnete, je nachdem), daß er sich, gegen Bezahlung, pornographische Bilder ansah, die unter den Jugendlichen herumgereicht wurden, daß er mit anderen „ich zeig dir meinen und du zeigst mir deinen" und andere harmlose und nicht so harmlose Spielchen spielte und manchmal auch irgendwelche zweifelhaften Sexanleitungen in die Hand bekam. Nur sehr selten geschah es, daß sich Eltern mit ihren Kindern hinsetzten und sie verständnisvoll und ausreichend aufklärten; solche Gespräche fanden vielleicht hin und wieder in gebildeten Schichten statt. Die meisten Jugendlichen erfuhren von Sex auf der Straße und mußten nicht selten aus Schaden klug werden. Sexualkunde als Schulfach kannte man nicht, und Gespräche in der Öffentlichkeit über sexuelle Angelegenheiten waren verpönt. Heute ist das anders. Es gibt viel gutes und verläßliches Informationsmaterial über die menschliche Sexualität, für Menschen jeden Alters und Bildungsstandes. Die Menschen haben also Zugang zu sexueller Aufklärung, aber wenn es um moralische Fragen geht, die mit diesen Tatsachen zusammenhängen, treffen wir auf eine große Leere. So offen wir heute über sexuelle Themen sprechen, so wortkarg sind wir, wenn es um moralische Wertungen sexueller Verhaltensweisen geht. Unsere Kinder werden gründlich aufgeklärt, aber wir scheinen unfähig, mit ihnen über sexuelle Moral zu sprechen; es ist uns peinlich. Auch die Kirchen vermitteln ihren Mitgliedern keine Vorstellung von sexueller Moral. Das gleiche gilt für die Eltern; auch sie geben ihren Kindern in der Regel keine moralischen Maßstäbe mit. Manche sprechen Verbote aus und schüren Angst und halten das für moralische Aufklärung. Die meisten Eltern wissen auch nicht, auf Grund welcher moralischen Überzeugungen ihre eigene Religion sexuelles Verhalten beurteilt. Nicht viel besser sieht es in den öffentlichen Schulen aus, denen es untersagt ist, im Verlauf ihres Sexualkundeunterrichts das Wort Moral auch nur zu erwähnen! Wer also lehrt sexuelle Moral? Im Grunde genommen keiner. Es ist ironisch, paradox, ja bizarr, daß man heute alles über Sexualverhalten, Sextechniken, sexuelle Funktionsstörungen und sexuellen Genuß erfahren kann, daß wir aber die Frage der Moral im Bereich der sexuellen Verhaltensweisen ängstlich verstecken, als ob es sich um die Büchse der Pandora handelte.

Wer versucht, das traditionelle moralische Wertesystem wieder zu beleben, sollte sich darüber im klaren sein, daß die traditionellen Moralnormen für sexuelle Verhaltensweisen mehr mit Unterdrückung und Angst als mit verantwortungsvoller Liberalität zu tun haben. Jedes religiöse und humanistische System von Verhaltensweisen verfügt über eine moralische Grundlage, von der sich ethische Werte und angemessene Verhaltensweisen auch für den Bereich der Sexualität ableiten lassen. Viele dieser Moralsysteme ähneln sich, alle müssen sie dem einzelnen nahegebracht werden, damit sie für ihn auch eine Bedeutung gewinnen. Gleichzeitig müssen sich die Anhänger dieser Moralsysteme aber auch die Frage stellen, ob ihre moralischen Maßstäbe heute noch angemessen sind. Wie kann man von einem durchschnittlichen Menschen verlangen, daß er verantwortungsvoll sexuelle Entscheidungen trifft, wenn man ihm nicht die traditionellen Überzeugungen nahegebracht und ihn gleichzeitig dazu befähigt hat, auch Veränderungen dieser traditionellen Richtlinien zu erwägen. Richtige Entscheidungen setzen das Kennen von Alternativen voraus. Leider scheint fehlende moralische Bildung die Norm zu sein, selbst unter denjenigen, die sich für sehr religiös halten. Der evangelische Pfarrer Robert Schuller erklärte dazu folgendes:

„Ob die sexuelle Moral heute weniger Beachtung findet als früher, ist schwer zu sagen, weil wir nicht einmal genau wissen, wie es vor zwei oder drei Generationen war. Ich habe allerdings den Eindruck, daß in der Geschichte der westlichen Zivilisation, von der griechischen und römischen Antike über die Renaissance bis heute eine Tendenz zu erkennen ist, Menschen nicht zu moralischen Wesen zu erziehen. Wir haben den Menschen nicht beigebracht, wie sie sich zu selbstbewußten und verantwortungsvollen Persönlichkeiten entwickeln können, die sich ihrer Bedeutung als Mensch bewußt sind, und damit der Freiheit, Entscheidungen zu treffen. Durch den starken Einfluß der christlichen Kirche, das heißt der römisch-katholischen und der protestantischen, wurde die Tendenz immer stärker, aus den Gläubigen eine Anhängerschaft zu entwickeln, statt individuelle Persönlichkeiten und unabhängige Denker und damit wahrhaft moralische Menschen zu fördern. Die Kirche beschloß, was geschehen sollte, und die

Gläubigen mußten die neuen Satzungen lernen und ihnen dann widerspruchslos gehorchen.

Wenn dieses in unserer westlichen Welt als wichtiger Bestandteil der Charakterentwicklung galt, dann kann ich nicht umhin zu sagen, daß wir auf dem Gebiet der Moral schon seit langer Zeit in einem tiefsitzenden Konflikt stecken, nämlich der Auseinandersetzung darüber, ob der Mensch sich zu einem gehorsamen Anhänger oder zu einem denkenden Individualisten entwickeln sollte. Und zwar nicht nur im Hinblick auf sexuelle Entscheidungen, obgleich die sicher davon beeinflußt werden. Wenn wir unsere heutige Gesellschaft betrachten, müssen wir feststellen, daß den meisten Menschen nie vermittelt wurde, wie man sich als moralisches Wesen verhält, sondern nur, daß sie gehorchen sollen. Früher war die Kirche die Macht, die die Entscheidungen für sie fällte, denen sie dann nur als Herde zu folgen brauchten. Das Leittier ist vielleicht der Papst oder der Pastor oder ein Pfarrer Schuller. Wie aber reagieren solche Menschen, wenn Religion nicht mehr eine solche Rolle spielt, wie zum Beispiel in unserer heutigen pluralistischen Gesellschaft? Der Mensch, der bisher immer seiner religiösen Herde gefolgt ist, wird sich jetzt einer anderen Herde anschließen und sich dem beugen, was die Gesellschaft von ihm verlangt. Er glaubt zwar, daß er jetzt freier ist, weil er sich nicht mehr nach seiner Religion richtet, aber er weiß nicht, daß er statt dessen jetzt die Entscheidungen der Gesellschaft übernimmt, in der er lebt, sich also nur einer neuen Herde angeschlossen hat."

Im großen und ganzen stimmen wir dem zu. Wir müssen aus der Geschichte der Religionskriege, der Verfolgungen, der politischen Streitigkeiten, die in Krieg endeten, aus der Tatsache, daß Menschen einander immer wieder grausam behandelten, den Schluß ziehen, daß sich Menschen aktiv um moralische Überzeugungen bemühen müssen und nicht nur passiv gewisse Regeln übernehmen dürfen; letzteres kann eine große Gefahr für die Gesellschaft bedeuten. Auch sexuelle Moral geht nicht nur den einzelnen an. Falsche Entscheidungen auf diesem Gebiet können die Gesellschaft auf vielerlei Weise beeinflussen. Folgendes Zitat macht deutlich, für wie unwichtig heute viele Menschen moralische Entscheidungsfähigkeit und Verantwortlichkeit halten. Der Autor hatte eine Reihe von „begehrenswerten" Junggesellen interviewt. Hier sein Kommentar:

„Aus meinen Interviews wurde deutlich, was mir auch meine eigene Erinnerung sagte, daß nämlich Junggesellentum nicht die letzte Zuflucht für männliche Bösewichter ist, und daß dieser Lebensstil auch nicht einfach eine Entschuldigung für karrieresüchtige Männer oder solche darstellt, die angeblich für die Ehe verdorben sind, weil man so leicht willige Sexpartner findet. Mich haben die Männer, mit denen ich sprach, mit ihrer Offenheit beeindruckt, und ich war hinterher davon überzeugt, daß Junggesellentum eine echte Alternative darstellt. In meinen Gesprächen mit diesen Männern konnte ich mich eines leichten Neidgefühls und einer gewissen Nostalgie nicht erwehren. Ich mußte an die Zeit denken, als es mir wie ein großes Opfer erschien, mein eigenes Junggesellentum aufzugeben. Ich war gerne Single gewesen, hatte es aufregend gefunden, eine neue Frau kennenzulernen, fand jedes einfache Detail exotisch. Und wie spannend war es, wenn man bei einer Party feststellte, daß eine Anziehung auf Gegenseitigkeit beruhte! Es war wie eine Droge, dieses Gefühl einer plötzlichen Intimität mit einer Fremden."[1]

Leider nimmt der Autor sich nicht die Zeit, ein paar Worte darüber zu verlieren, was für moralische Implikationen ein solches Verhalten hat. Wenn außerehelicher Sex für einige unserer besten und intelligentesten jungen Männer keinerlei moralische Fragen mehr aufwirft, kann man auch daraus schon eine moralische Botschaft ableiten: es ist also in Ordnung, daß diese Männer außerhalb einer ehelichen Bindung sexuell aktiv sind; wenn sie sich aber in ihren Dreißigern so verhalten dürfen, warum sollte es Männern in den Zwanzigern verboten sein? Und wenn sie es dürfen, warum sollte man andere Regeln für Teenager aufstellen? Wir wollen damit nicht sagen, daß 40jährige sich wie 14jährige verhalten sollen oder umgekehrt, sondern nur, daß beide ihr Verhalten nach moralischen Maßstäben ausrichten sollten. Beide sollten den Unterschied verstehen, der zwischen einer moralischen und einer egozentrischen Entscheidung besteht, wenn es um sexuelles Verhalten geht. Wenn unsere Gesellschaft versagt hat, indem sie die moralischen Gesichtspunkte bei diesen Entscheidungen für unwesentlich erklärt, kann man nicht einzelne Menschen verurteilen, sondern muß das Problem den Institutionen anlasten, deren Aufgabe darin bestünde, moralische Grundsätze zu vermitteln.

Wenn Menschen Entscheidungen in bezug auf ihr Sexualverhalten treffen müssen, können sich die wenigsten auf Wertvorstellungen beziehen, die auf einem konsequenten ethischen und moralischen System beruhen. Ein Verbot, das nur aus Angst eingehalten wird, hat nichts mit Moral zu tun. Wenn wir jungen Menschen nur Angst vor den Folgen von Sex machen, Angst vor Krankheit, Schwangerschaft und Strafen, handeln sie, wenn ihnen diese Angst genommen wird, plötzlich völlig unüberlegt. Die Leidenschaft des Augenblicks führt dann zu Verhaltensweisen, die unerwünschte Folgen haben können. Angst vor Entdecktwerden und Strafe ist nicht der richtige Weg, um destruktives Verhalten zu unterbinden. Das beste Beispiel liefert das Versagen unseres Strafsystems, als es darum ging, Menschen vom Gebrauch illegaler Drogen abzuhalten; eine Erhöhung der Strafe hat keinerlei Erfolg gebracht.

Wir sind der Meinung, daß die meisten Menschen selbst dann nicht stehlen würden, wenn sie sicher sein könnten, nicht erwischt zu werden, und zwar nicht aus Angst, sondern weil sie ein Gewissen besitzen, das ihnen sagt: Stehlen ist nicht richtig.

In unseren Interviews wurde deutlich, daß die religiösen Institutionen als Quelle moralischer Wertesysteme versagt haben. Viele Menschen erhoffen sich von ihrer Religion Anleitungen statt autoritärer Bestimmungen und fühlen sich alleingelassen. Eine junge Frau meinte dazu:

„Ich finde, ich bin eine gute Katholikin, solange ich an Gott und die Macht der Liebe glaube und Gutes tue. Man hat uns beigebracht, daß wir jeden Sonntag zur Kirche gehen und sie finanziell unterstützen müssen. Obgleich ich das nicht tue, glaube ich doch, daß ich ein guter Mensch bin. Ich tue niemandem etwas Böses, ich versuche anderen zu helfen, und das macht mich meiner Meinung nach zu einer guten Katholikin. Ich finde nicht, daß ich mich an die Regeln halten muß, die von irgendwelchen Priestern aufgeschrieben wurden. Wer weiß, wo diese Regeln und die kirchlichen Gesetze herkommen."

Die Unsicherheit in bezug auf Moral und Ethik und der gleichzeitige Wunsch nach ethischer und moralischer Bildung wurde sogar von vielen angesprochen, die in konfessionellen Schulen unterrichtet worden waren. Wir fragten einen jungen Mann, ob konfessionsgebundene Schulen wie die, die er besucht hatte, die Schüler ausreichend mit Moral und ethischen Werten vertraut machten. Er gab darauf folgende Antwort:

„Ich glaube schon. Selbst wenn es dazu kommt, daß man seine Religion schließlich ablehnt, so hat man uns doch bestimmte Verhaltensregeln, bestimmte moralische Maßstäbe beigebracht, sozusagen eingetrichtert. Meistens beruhen sie auf den Zehn Geboten. In den katholischen Schulen versuchen sie dir im Religionsunterricht beizubringen, was recht und was unrecht ist. Manchmal stellen sie diese Regeln als Gottes Wort hin, aber selbst wenn man später von der Religion nichts mehr wissen will, trägt man doch gewisse grundsätzliche Wertvorstellungen in sich, zum Beispiel, daß man die Frau des Nächsten nicht begehren darf, daß man nicht stehlen darf, daß Mord ein großes Unrecht ist, und so weiter.

Es ist noch nicht sicher, ob wir unsere Kinder, wenn wir mal welche haben, in eine katholische Schule schicken. Vielleicht finden wir eine gute öffentliche Schule; falls nicht, würde ich sie lieber in eine konfessionsgebundene Privatschule schikken, auch in eine katholische, damit sie auch etwas über Moral lernen und nicht nur Lesen und Rechnen. Mir ist es wichtig, daß das Kind eine gute Erziehung bekommt, nicht nur in den fundamentalen Fächern, sondern auch auf dem Gebiet der Moral.

Ich glaube, viele von meinen Mitschülern in der katholischen Schule hatten den Eindruck, daß jeder immer nur den schwarzen Peter weiterschob. Die Nonnen und Pater, die uns unterrichteten, konnten uns zwar sagen, welche Position die Kirche zu Themen wie Oralsex oder so einnahm, aber sie konnten mit uns nie so richtig darüber diskutieren. Sie nahmen an, daß unsere Eltern mit uns darüber sprechen würden und beließen es dabei. Aber unsere Eltern meinten: ‚Das ist Sache der Kirche.' Jugendliche werden in diesen Kampf zwischen Schule, Eltern und Gesellschaft verwickelt und wissen meiner Meinung nach nicht mehr, was sie glauben sollen. Sie müssen selbst herausfinden, was richtig und was falsch ist. Ich glaube, ich habe das geschafft, ich glaube, ich habe eine Vorstellung davon, was recht und unrecht ist, wenn es um Sex geht, aber viele Jugendliche sind dazu vielleicht nicht imstande. Es wird für sie viel Unsicherheit und viele Probleme geben, einfach weil niemand recht die Verantwortung übernimmt. Niemand hat mir beigebracht, wie man in einer neuen Situation die richtige Entscheidung mit Hilfe einer moralischen Überzeugung trifft, bis ich in einer katholischen Universität ein paar Theologiekurse belegte. Ich lernte, was bei einer solchen Entscheidung wichtig ist: die Auswirkungen dieser Entscheidung auf dich selbst; die Auswirkungen, die sie auf andere hat; was das richtige ist; wer einen Vorteil davon hat und wie der aussieht. Uns wurde aber immer wieder gesagt, daß die Entscheidung letzten Endes nur von uns selbst abhängt."

Wir haben schon wiederholt davon gesprochen, daß das ethische Prinzip, nach dem Eltern heutzutage ihren Kindern moralische Maßstäbe vermitteln, vor allem darin zu bestehen scheint, was die Gesellschaft, in der sie leben, für richtig oder falsch, für akzeptabel oder nicht akzeptabel hält. Sie beurteilen die moralische Qualität einer Handlung nach dem, „was die Nachbarn sagen", oder führen das Verhalten eines Nachbarkindes als Beispiel für moralisch „gutes" oder „schlechtes" Verhalten an. Unter diesen Umständen sollte es eigentlich niemanden überraschen, wenn Kinder in ihrem Verhalten von dem abweichen, was ihre Eltern ihnen vorgeschrieben haben, weil nämlich auch sie ihr Verhalten an den Maßstäben ihrer Umgebung messen, in ihrem Fall allerdings nicht denen der Nachbarn, sondern der Gemeinschaft ihrer Freunde und gleichaltrigen Bekannten. Sie möchten unter ihren Freunden nicht durch andere Werte oder anderes Verhalten auffallen, genausowenig wie Eltern möchten, daß ihre schwangere Tochter durch ihren Bauch bei den Nachbarn auffällt und damit deutlich macht, daß sie sich nicht an die Regeln der Eltern und der Gesellschaft gehalten hat. Kinder wollen sich an ihre Umgebung genauso anpassen wie ihre Eltern an die ihre, aber beide „Umgebungen" haben unterschiedliche Vorstellungen davon, was richtig und was falsch ist. Junge Leute leben in einer anderen Generation als ihre Eltern, und der größte Teil ihres

Tages spielt sich auch in einer anderen Umgebung ab, unter jüngeren Leuten, die nach anderen Regeln leben. Konformismus ist ein zweischneidiges Schwert, wenn es darum geht, sich in seiner sozialen Umgebung angemessen zu verhalten. Verhaltensmaßstäbe sind nötig, sollten aber auf positiven, verständlichen Prinzipien basieren und nicht davon bestimmt sein, was die Nachbarn für richtig halten. Pfarrer Schuller erklärt dazu:

„Es ist sehr wichtig, daß unseren jungen Leuten moralische Prinzipien nahegebracht werden, vor allen Dingen heutzutage, in unserer pluralistischen Gesellschaft, in der es keine Grenzen mehr zu geben scheint. Ich wenigstens bin der Überzeugung, daß ein Mensch ohne Beschränkungen und Grenzen früher oder später psychologische Probleme haben wird. Wenn Einschränkungen aufgehoben werden, scheinen viele Menschen unsicher zu werden, weil sie nicht mehr wissen, was von ihnen erwartet wird. Es sieht so aus, als ob sie sagen wollten: ‚Laß mich wissen, ob ich mich richtig oder falsch verhalte – ich kann mit den Regeln leben, aber bitte sag mir, wie die Regeln aussehen.'

Diese Maßstäbe von Recht und Unrecht müssen den Menschen nahegebracht werden, allerdings auf positive und nicht auf negative Weise. Zum Beispiel kann man sie positiv vermitteln, indem man sagt: ‚Ich möchte Ihnen etwas vorschlagen, was Sie wahrscheinlich glücklicher und zufriedener machen wird.'"

Was können wir also tun?

Erstens sollten Geistliche sich die Frage stellen, ob sie Moral, einschließlich sexueller Moral, auf eine Weise vermitteln, daß die Gemeindemitglieder damit auch etwas anfangen und das Gelernte in ihrem Leben anwenden können. Religiöse Institutionen sind nicht nur dafür verantwortlich, die Heilige Schrift zu interpretieren; sie haben auch die Aufgabe, historische Traditionen an die sich ständig verändernde Gesellschaft anzupassen. Zu keiner Zeit haben jedoch derart umfassende Veränderungen in der Gesellschaft stattgefunden wie in den letzten Jahrzehnten. Es ist die Pflicht der religiösen Institutionen, uns moralische Richtlinien aufzuzeigen, auch und gerade auf einem Gebiet, in dem die religiöse Haltung besonders undurchsichtig ist, auf dem der sexuellen Moral.

Zweitens. Eltern haben die Aufgabe, ihren Kindern moralische Maßstäbe zu vermitteln. Wenn manche Eltern diese Verantwortung ablehnen, sollten sie wenigstens dafür sorgen, daß eine andere Institution die Erziehung in diesem Punkt übernimmt. Sie haben nicht das Recht, ihren Kindern moralische Richtlinien vorzuenthalten beziehungsweise diese Maßstäbe durch Angst vor Strafe zu ersetzen. Ohne mit gewissen moralischen Grundsätzen ausgestattet zu sein, werden die Jugendlichen nur allzuoft in die Gefahr kommen, in ihrer Unsicherheit die falschen Entscheidungen zu treffen. Eltern sollten sich deshalb an die religiösen Institutionen wenden und verlangen, daß Sexualmoral und ethische Wertesysteme erklärt und vermittelt werden.

Drittens. Sexualmoral ohne sexuelle Aufklärung ist so abstrakt, daß vor allem junge Leute dadurch nur verunsichert werden. Wenn wir es nicht fertigbringen, über Sexualverhalten zu sprechen, wie können wir dann über sexuelle Moral sprechen? Wenn wir irrtümliche Vorstellungen von gewissen sexuellen Verhaltensweisen aufrechterhalten, werden unsere Kinder, die es im allgemeinen sowieso besser wissen, uns auch nur unter großen Vorbehalten zuhören, wenn wir ihnen etwas von Sexualmoral erzählen. Ehrlichkeit auf dem einen Gebiet erfordert Ehrlichkeit auf dem anderen. Wenn es einem Menschen zu peinlich oder er einfach nicht fähig ist, über Sexualität zu sprechen, ist es ihm wahrscheinlich auch zu peinlich oder einfach unmöglich, über Sexualmoral zu sprechen.

Viertens müßten mehr junge Leute ausgebildet werden, die dazu in der Lage sind, mit anderen Jugendlichen über Fragen sexueller Moral zu sprechen. Leider ist es nämlich vielen Jugendlichen ausgesprochen peinlich, wenn Erwachsene das Thema Sexualmoral ansprechen. Jede neue Generation scheint der Meinung zu sein, den Sex sozusagen erfunden zu haben, und ist felsenfest davon überzeugt, daß ihre Eltern sich in asexuelle Wesen verwandelt haben. Wenn sie mit Gleichaltrigen über Sex sprechen, werden selten moralische Aspekte diskutiert, nicht, weil sie nicht miteinander darüber sprechen könnten, sondern weil sie einfach nicht auf die Idee kommen. Wir halten es für sehr sinnvoll, wenn religiöse Einrichtungen junge Leute dafür gewinnen könnten, Gleichaltrige und auch deren Eltern in Fragen sexueller Moral zu unterrichten. Es würde uns nicht wundern, wenn junge Menschen diese Aufgabe mit Vergnügen übernähmen, und wir sind sicher, daß sie es besser machen würden als ihre Eltern.

Fünftens. Fragen der Moral sind nicht allein mit einer Religion verbunden. Es gibt genauso weltliche Moralvorstellungen und Wertesysteme wie religiöse. Moralische Richtlinien sind für jeden Menschen unverzichtbar. Staatliche Schulen könnten für junge Menschen ein ideales Forum sein, um eine Reihe von moralischen Fragen zu erörtern und auf diese Weise eine feste moralische Grundlage für zukünftige Entscheidungen zu schaffen. Wir wollen allerdings nicht den Eindruck erwecken, daß Eltern die Verantwortung für die moralische Bildung ihrer Kinder nun den Schulen überlassen sollten, denn das ist immer noch in erster Linie Aufgabe der Eltern. Wenn die Eltern sich aber weigern, muß jemand anderes einspringen. Selbst Kinder, die durch ihre religiöse Erziehung bereits mit moralischen Fragen in Berührung gekommen sind, dürften es als bereichernd empfinden, in einer staatlichen Schule mit Gleichaltrigen über ähnliche Fragen sprechen zu können.

Sechstens. Auf die Frage, wie die Dinge in Bewegung gebracht werden können, haben Akademiker und Staat meist eine Antwort parat: Wenn man nicht weiter weiß, sollte man eine neue Untersuchung durchführen. Wir werden aber mehr tun, als eine neue Untersuchung durchzuführen; wir haben vor, an einer der New Yorker Universitäten ein „Forschungszentrum für Sexuelle Ethik" zu gründen. Dieses Zentrum soll den verschiedenen gesellschaftlichen Gruppen, die sich mit Fragen sexueller Moral und Ethik auseinandersetzen, ein Forum bieten: religiösen Einrichtungen, Vertretern aus Medizin und Pharmazeutik, sowie Juristen und Werbefachleuten, Schulen und Universitäten, Eltern und Kindern. Das Zentrum soll sich um eine breite Perspektive der sexuellen Ethik bemühen. Es wird sich nicht nur mit den verschiedenen sexuellen Verhaltensweisen befassen, sondern auch mit dem Problem sexueller Belästigung am Arbeitsplatz, der Behandlung von Sexualstraftätern sowie generell mit Sexualverbrechen, der Vermittlung von Wertmaßstäben im Rahmen des Sexualkundeunterrichts, dem Einfluß der Massenmedien auf sexuelle Ethik und so weiter. Das Zentrum wird Tagungen veranstalten, Forschungsvorhaben unterstützen, Lehrpläne entwickeln und die Veröffentlichung von Artikeln, Büchern und Broschüren fördern. Ein besonderes Anliegen wird darin bestehen, auf dem Gebiet der Sexualmoral zwischen religiösen und weltlichen Gruppen zu vermitteln. Ein Grundprinzip wird uns dabei leiten: Erst durch die entsprechende Erziehung, durch Wissen und moralische und ethische Erwägungen, wird man in die Lage versetzt, in bezug auf sein Sexualverhalten die richtigen Entscheidungen zu treffen.

Anmerkung

1 Green, Theophilius: „Why Wed? The Ambivalent American Bachelor". In: New York Times Magazin, November 15, 1987, S. 24

Index